Finnland

Finnland

Fotos von Max Schmid
Text von Roman Schatz

Bechtermünz Verlag

Die Schwarzweiß-Abbildungen verdanken wir der Universitätsbibliothek Zürich.

Genehmigte Lizenzausgabe
für Weltbild Verlag GmbH,
Augsburg 1998

Gestaltung: Edith Stolz
Lektorat: Birgitt von Maltzahn
Korrektorat: Monika Goldschmidt
Umschlagmotive: vorne: Blick von Koli-Berge
auf Pielinensee, Karelien
(PhotoPress, Stockdorf/München);
hinten: Max Schmid
Umschlaggestaltung: KA • BA factory, Augsburg
Gesamtherstellung: Bawa Print
Printed in EU/Austria

ISBN 3-8289-3124-3

Inhalt

Reichswappen

Nationalflagge

Prolog

Finnland ist nur knapp zwei Flugstunden von Mitteleuropa entfernt, etwa so weit wie Griechenland, Irland und Portugal. Subjektiv allerdings scheint Finnland für viele jenseits von Atlantis zu liegen. Finnland? Moment, da war doch was . . . wie hieß er noch, der Skispringer? Sauna, viele Seen, manche haben schon von Finnlandisierung gehört oder von der Schlußakte von Helsinki . . . aber damit hat das Wissen der meisten Europäer über Finnland auch schon ein Ende, abgesehen vielleicht von den wenigen notorischen Nordlandfahrern, die jedes Jahr ihre Urlaubszelte hier aufschlagen.

Dabei hat Finnland eine ganze Reihe von Superlativen zu bieten: Wußten Sie etwa, daß ein Finne amtierender Weltmeister im Stiefelweitwurf ist? Und ein anderer den Rekord im Nackt-auf-einem-Ameisenhaufen-Sitzen hält? Daß man hier nicht nur frieren, sondern sich auch im Sommer bei 30 Grad am Strand bräunen lassen kann? Daß Finnland als einziger Staat die Reparationen des Zweiten Weltkriegs vollständig bezahlt hat? Daß kein Volk dieser Erde so viel Kaffee trinkt wie die Finnen? Daß es hier Winterreifen für Fahrräder gibt? Daß finnische Lebensmittel die teuersten der Welt sind? Daß sich in Helsinki die nördlichste Straßenbahnhaltestelle der Welt befindet?

Finnland ist ein Land der Gegensätze, eine verblüffende Mischung aus exotischer, weitgehend unberührter Natur und hochentwickelter Infrastruktur. Einerseits findet man hier wilde Bären und Wölfe, andererseits aber auch eines der modernsten Mobiltelefonnetze der Welt. Mit größter Wahrscheinlichkeit wird Finnland schon bald Mitglied der Europäischen Gemeinschaft sein, ein Nachbar, von dem man bis jetzt kaum etwas weiß. Hoffentlich trägt dieses Buch dazu bei, die Unwissenheit ein bißchen zu verringern.

Helsinki, anfangs 1993

Seen, Wälder, Einsamkeit

Finnland geographisch

«. . . kein Tal, keine Höhe, kein Wasser, kein Strand
ist lieber mir als dieses Heimatland,
dies nördliche, dies teure Land der Väter.»

(Aus der ersten Strophe der finnischen Nationalhymne)

Das Land der tausend Seen . . . schon falsch! Das staatliche finnische Vermessungsamt war diese drastische Untertreibung leid und führte eine amtliche Seenzählung durch. Als See ließ man dabei jedes stehende Süßwasser mit einer Mindestoberfläche von 500 m^2 gelten und kam auf die stattliche Anzahl von genau 187888. Der größte davon ist der *Suur-Saimaa*, sein weitverzweigtes Wassersystem bedeckt eine Fläche von etwa 4400 km^2. Insgesamt machen die Seen etwa zehn Prozent der Landesfläche aus. Man könnte meinen, es müsse in Finnland unglaubliche Wassermengen geben – das ist aber nicht der Fall, denn die Seen sind zwar flächenmäßig groß, aber die durchschnittliche Wassertiefe beträgt nur etwa sieben Meter. Daher sind die Seen als Biotope sehr anfällig, Schadstoffe können schon in geringer Menge zerstörerische Auswirkungen haben. Außerdem schwanken die Wassertemperaturen sehr rasch, im Sommer erwärmt die Sonne das Wasser in kurzer Zeit, im Winter gefrieren die Oberflächen schnell zu dickem Eis. Auch die finnischen Flüsse führen nur wenig Wasser und sind nicht sehr lang. Der längste ist der *Kemijoki* in Lappland, der von seiner wichtigsten Quelle bis zur Mündung 552 km mißt.

Finnland hat drei Nachbarstaaten. Die Grenze zu Schweden im Nordwesten ist 586, die zu Norwegen 716 km lang. Die längste gemeinsame Grenze hat Finnland mit Rußland bzw. der ehemaligen Sowjetunion. Sie ist 1269 km lang und verläuft meist im Wald. Trotz ihrer Unübersichtlichkeit haben die finnischen Grenzwächter sie aus naheliegenden Gründen im Laufe der Jahre recht effektiv im Auge behalten und tun dies immer noch. Im Westen grenzt Finnland an den Bottnischen, im Süden an den Finnischen Meerbusen, die Küstenlinie erstreckt sich über insgesamt 1100 km.

In Nord-Süd-Richtung reicht Finnland ziemlich genau vom 60. bis zum 70. Breitengrad. Kalt ist es hier, das muß man zugeben – aber immerhin doch gut sechs Grad wärmer als anderswo auf dem Globus in den gleichen Breiten. Die Winter sind streng, aber der beißende Frost wird durch warme Luftströmungen vom Golfstrom im Nordatlantik her und durch die Wassermassen der Ostsee, die als Wärmespeicher dienen, etwas gemildert. Vom Osten her allerdings kühlen die kalten Kontinentalluftmassen, die sich aus der Tiefe Sibiriens heranschieben, Finnland ab. Die kältesten Orte in Finnland sind der nördlichste und der östlichste Winkel.

In normalen Wintern frieren sämtliche der amtlich gezählten Seen zu, manchmal sogar beide Meerbusen. Eisbrecher müssen die Schiffahrtswege offen halten. Die Eisdecke ist so dick, daß man sie mit Kraftfahrzeugen befahren kann. Die Festungsinsel *Suomenlinna* beispielsweise liegt direkt vor Helsinki in der Ostsee und ist ein beliebtes Touristenziel. Die Festung wurde von den Schweden gebaut, und die Anlagen sind noch fast vollständig erhalten. Es befindet sich dort auch ein Museum für moderne Kunst. Im Sommer kann man Suomenlinna mit einer kleinen Fähre erreichen, im Winter gibt es einen Bus, der die Besucher über das Eis zur Insel bringt. Die Stadtverwaltung von Helsinki empfiehlt für den Verkehr mit Personenkraftwagen eine Mindesteisdicke von 25 cm, ab 40 cm kann man mit Lkws bis zu sieben Tonnen Gesamtgewicht auf dem Eis fahren, und wenn das Eis einen Meter dick ist, dürfen sogar Schwertransporter bis zu 48

Am Rande des Lemmenjoki-Nationalparkes, Lappland.

Oben:
Sommermorgen bei Lieksa in Karelien.
Unten:
Bei Ukonjärvi am südlichen Ende des Inarisees, Lappland.

Oben:
Im Mallan-Nationalpark im äußersten Nordwesten Lapplands, wo der Schnee auch im Sommer nicht restlos verschwindet.
Unten:
Wo das Land der Seen zum Inselland wird: bei Kuopio im nördlichen Teil der Finnischen Seenplatte.

Solche Idyllen lassen eine intakte Natur vermuten, aber leider ist selbst in den entlegensten Gebieten nicht mehr alles zum besten bestellt.

Herbst in Lappland.

Oben:
Erosionsanfälliger eiszeitlicher Sandboden am Lietvesi, einem Zweig des Saimaa-Sees.
Unten:
Eiszeitliche Ablagerungen in Nordost-Lappland.

Oben:
Julma Ölkky, eine uralte Verwerfung, die von eiszeitlichen Gletschern zu einer Schlucht ausgehobelt wurde.
Unten:
Herbst auf der Finnischen Seenplatte.

Oben:
Selbst wo Finnlands hart-sanfter Untergrund freigelegt ist, finden Bäumchen Ritzen zu einem Lebensversuch.
Unten:
Bei Väylä am Inarisee.

Regenwetter in Näsijärvi. Ölgemälde von Werner Holmberg (1830–60).

Tonnen die Abkürzung übers Wasser nehmen. Das Eis macht allerdings oft Geräusche, die dem Fahrer einigen Nervenkitzel verursachen, und die Behörden betonen auch, daß das Befahren auf eigene Gefahr geschieht.

Zu Finnland fällt einem außer Wasser und Schnee meist auch noch Wald ein, das grüne Gold, wie er hier oft genannt wird, weil ihm Finnlands relativer Wohlstand weitgehend zu verdanken ist. Zwei Drittel Finnlands sind davon bedeckt. Der Großteil ist sogenannter Nutzwald, die forstverarbeitende Industrie plant den Abbau und Nachwuchs dieser sich nur langsam regenerierenden natürlichen Reserve. Das finnische Wald-Know-how hat sich im Laufe der Zeit so weit entwickelt, daß finnische Forstspezialisten fast überall auf der Welt als Berater und Waldplaner im Einsatz sind.

Die Finnen bezeichnen ihr Land oft als klein, aber das ist eine Untertreibung. Mit einer Fläche von 338 145 km^2 war Finnland bis zur deutschen Wiedervereinigung der fünftgrößte Staat in Europa, jetzt liegt es, von den Deutschen knapp überrundet, auf Platz sechs. Klein ist nur die Bevölkerungszahl, die 1991 erstmals die Fünf-Millionen-Grenze überschritt. Diese fünf Millionen verteilen sich sehr unterschiedlich auf die Landesfläche. Etwa ein Viertel der Bevölkerung lebt im Großraum Helsinki, ganz im Süden des Landes. Die durchschnittliche Bevölkerungsdichte beträgt 16,3 Seelen pro Quadratkilometer, aber im Norden, in Lappland, liegt sie bei knapp über null. Von den europäischen Staaten sind nur Island und Norwegen dünner besiedelt.

Hauptdorf und Hinterland

Es gibt in Finnland nur sechs Städte mit mehr als 100000 Einwohnern. Der einzige wirkliche Ballungsraum ist die Region um die Hauptstadt Helsinki an der Südküste. Helsinki, das selbst nur knapp eine halbe Million Einwohner hat und von Zynikern oft Finnlands «Hauptdorf» genannt wird, ist im Laufe der Jahre mit seinen zwei Nachbargemeinden *Espoo* und *Vantaa* zu einer De-facto-Millionenstadt zusammengewachsen. Schon bald hinter dem nördlichen Autobahnring um die Hauptstadt aber beginnt Finnland, wie man es sich vorstellt: Wald, Wasser, Felsen, hier und da eine Scheune aus Holz, rot bemalt mit weißgetünchten Kanten – und ab und zu ein häßlicher Industriebau.

Die regionale Verteilung der Bevölkerung hat sich in diesem Jahrhundert rapide verändert. Es gibt eine anhaltende Landflucht, alles was laufen kann, zieht auf der Suche nach Arbeitsplätzen und urbanem Lebensstil in die Städte, vor allem ins Hauptstadtgebiet. 1920 lebten 12,6 Prozent aller Finnen in Städten, 1990 waren es schon 61,6 Prozent, und der Trend hält unvermindert an, gebremst nur durch die extrem hohen Wohnungspreise in Helsinki, Espoo, Vantaa und Umgebung.

Die finnische Hauptstadt ist das unangefochtene politische, kulturelle und ökonomische Zentrum des Landes. Auch Finnlands Kontakte zum Ausland laufen fast ausschließlich über diesen Knotenpunkt. Wenn man auf der Karte einen Kreis mit einem Kilometer Durchmesser um den Hauptbahnhof Helsinki zieht, hat man fast alle nationalen Behörden, Ministerien, Finanzzentren, Theater und die wichtigste Universität des Landes eingeschlossen. Für die, die hier leben, ist diese Zentralisierung natürlich von Vorteil, aber für die Bewohner weit abgelegener Regionen ist es oft schwer, ihre Interessen zu wahren.

Entlang der finnischen Westküste erstreckt sich von *Tornio* im Norden bis nach *Rauma* im Süden *Pohjanmaa*, die Region Österbotten. Die Westküste war traditionell die Berührungslinie mit der schwedischen Kultur, und so ist es nicht verwunderlich, daß hier der Großteil der schwedischsprachigen Bevölkerungsminderheit lebt. Die wichtigsten Städte in Pohjanmaa sind die Provinzhauptstadt *Vaasa* im Süden und *Oulu* im Norden, beides Küstenstädte und beide ursprünglich als Umschlaghafen für finnische Exportwaren wie beispielsweise Teer gegründet.

Viele Flüsse in Pohjanmaa treten alljährlich nach der Schneeschmelze über die Ufer. Allein der *Kyröjoki* überschwemmt regelmäßig einige tausend Hektar Ackerland. Das hält zwar den Boden fruchtbar, sorgt aber auch jedesmal für ein Verkehrschaos und schneidet viele Gehöfte vorübergehend von der Außenwelt ab. Man versucht zwar, den Überschwemmungen mit Staudämmen und Regulationsbecken beizukommen, aber bis jetzt hat sich die Natur noch immer etwas einfallen lassen, um den Ingenieuren ein Schnippchen zu schlagen.

Landschaft im Tavastland, von S. A. Keinänen (1841–1914).

Die Finnische Seenplatte ist der Landesteil, dessen Bilder wohl fast jedem in den Sinn kommen, wenn er das Wort Finnland hört. Bizarre, schier unendliche Mosaike aus Blau und Grün, Wald und Wasser, hier sieht Finnland genau so aus, wie man es sich immer vorgestellt hat. Hierher kommen auch die meisten der (nicht eben zahlreichen) Urlaubsbesucher aus dem Ausland, die das Land für sich entdeckt haben. Die mittelfinnischen Städte *Kuopio, Jyväskylä* und *Mikkeli* sind zwar klein, aber gewiß jedem Finnlandreisenden ein Begriff.

Für Ausländer weit unbekannter, aber für die Finnen sehr wichtig, ist *Karjala,* Karelien, das Gebiet östlich dieser Seenplatte. Hier steht gewissermaßen die Wiege der finnischen Kultur. Karelien war schon seit Menschengedenken ein Zankapfel zwischen Ost und West und wird heute der Länge nach von der finnisch-russischen Grenze durchschnitten. Finnland hatte den Großteil des Gebietes nach dem Zweiten Weltkrieg an die UdSSR abtreten müssen, eine halbe Million Karelier wurden hastig in den Westen umgesiedelt. Viele Finnen haben diesen Verlust immer noch nicht überwunden, und jetzt, da das Sowjetimperium im Osten zerfallen und Karelien eine autonome Republik innerhalb Rußlands (der Russischen Föderation) mit gut 170 000 Quadratkilometern ist, regen sich immer lauter werdende Stimmen, die das Gebiet zurückhaben wollen. Finnische Politiker mahnen allerdings zur Besonnenheit, denn Karelien gehört zu den ärmsten der neuentstandenen GUS-Republiken. Außerdem hatte Genosse Stalin dafür gesorgt, daß die ursprüngliche Bevölkerung des Landstrichs russifiziert, umgesiedelt oder vertrieben

Tavastländisches Dorf. Bild von Alb. Edelfelt (1854–1905).

wurde. Trotzdem tut sich etwas an der Grenze, die mehr als fünfzig Jahre lang hermetisch verschlossen war: neue Übergänge werden geöffnet, man beginnt, zaghaft Handel zu treiben, und der kulturelle Austausch mit der ehemaligen Ostprovinz kommt ganz langsam ins Rollen.

In Mittelfinnland, südlich an die Finnische Seenplatte grenzend, liegt die Provinz *Häme*, deren Bewohner man in Finnland extreme Langsamkeit nachsagt. Wofür in der Schweiz die Berner herhalten müssen, das übernehmen hier die *Hämälaiset*. Diese Spezies der Zeitlupenreagierer gibt es wahrscheinlich in jeder Kultur eigens zu dem Zweck, sich über sie lustig zu machen. Die wichtigste Stadt in Häme ist *Tampere*, mit etwa 170000 Einwohnern Finnlands drittgrößte Stadt. Tampere war schon im 17. Jahrhundert einer der wichtigsten Handelsplätze im finnischen Inland, und durch seine Lage an den *Tammerkoski*-Stromschnellen war es prädestiniert, eine Industriestadt zu werden. Die Stromschnellen lieferten den Anfang des 19. Jahrhunderts schnell expandierenden Fabriken zuverlässige und billige elektrische Energie. Hier siedelten sich die größen Textil-, Papier- und Metallbetriebe an. Man nennt Tampere auch das finnische Birmingham, aber das sollte keine falschen Assoziationen hervorrufen: Tampere ist bei weitem nicht so rußig wie seine englische Namenspatronin.

Zu den landschaftlich schönsten Gebieten Finnlands gehören ohne Zweifel *Kainuu* und die Gegend um *Kuusamo* im Nordosten. Hier ist das Land bergig, besser gesagt hügelig, da es in Finnland ja keine wirklich hohen Berge gibt. Die Landschaft unterscheidet sich sehr vom übrigen Finnland; der Boden ist stark kalkhaltig, was für eine üppige Vegetation sorgt, und es gibt grotesk geformte Felsen und Täler, hervorgerufen durch das Aufeinandertreffen zweier tektonischer Platten. Für Besucher ist besonders der Nationalpark *Oulanka* empfehlenswert. Der Finne *Kaarlo Linkola* beschrieb die Gegend 1926 so: «Hier verschmelzen eine besondere, schroffe Herrlichkeit der Natur und ein beinahe südlicher Charme harmonisch zu einer Landschaft, die reich an Atmosphäre ist.»

TURKU, FRÜHERE HAUPTSTADT

Die Gegend um die Hafenstadt *Turku* (auf schwedisch Åbo) am Bottnischen Meerbusen, mit knapp 160 000 Einwohnern Finnlands viertgrößte Stadt, gehört zur fruchtbarsten Region des Landes. Turku war während der Blütezeit des schwedischen Imperiums der wichtigste Brückenkopf der Schweden in Finnland. Noch heute hat in der Gegend ein hoher Prozentsatz der Bewohner Schwedisch als Muttersprache. Bis Anfang des 19. Jahrhunderts war Turku die Hauptstadt des Landes, hier gründete man 1640 die erste Universität auf finnischem Boden. Nachdem die Stadt fast völlig niederbrannte, verlegte man erst die Hauptstadt, später auch die Universität nach Helsinki. Vor Turku liegt das bekannte Schärenarchipel, ein Labyrinth aus Tausenden von kleinen und kleinsten Inseln, von denen nur die wenigsten bewohnt sind. Im Sommer allerdings wimmelt es im Archipel von Touristen, die mit Segel- und Motorbooten unterwegs sind.

ÅLANDS SONDERSTATUS

Zwischen Finnland und Schweden, am Eingang zum Bottnischen Meerbusen, liegt *Åland,* auf finnisch *Ahvenanmaa* genannt. Diese Inselgruppe ist die topographische Fortsetzung des Turku vorgelagerten Archipels und bildet eine natürliche Brücke zwischen den beiden Ländern. Åland besteht aus etwa 6500 Inseln mit einer Landfläche von insgesamt 1502 km^2. Rund hundert dieser Inseln sind bewohnt. Die einzige Stadt ist die 1861 vom russischen Zaren Alexander II. gegründete Hauptstadt *Mariehamn* auf der 650 km^2 großen Hauptinsel Åland.

Die Åland-Inseln gehören zwar schon seit dem Mittelalter verwaltungstechnisch zu Finnland, sind aber gleichzeitig autonom. Als Finnland sich 1917 von Rußland trennte, strebten die heute knapp 25 000 Åländer eine Vereinigung mit Schweden an. Finnland und Schweden gerieten sich in die Haare, und der damalige Völkerbund hatte Gelegenheit, vermittelnd in Aktion zu treten. 1921 schrieb man in Genf den Sonderstatus dieser Inselgruppe fest.

Wenn man die Åländer heute fragt, ob sie sich als Finnen oder als Schweden fühlen, erhält man als Antwort: «Als Åländer!» Die Inselbewohner haben fast ausnahmslos Schwedisch als Muttersprache, an den Schulen wird auf schwedisch unterrichtet, und spezielle Gesetze machen es den finnischsprachigen Nachbarn vom Festland so gut wie unmöglich, sich auf Åland niederzulassen und Grundbesitz zu erwerben. Åland hat ein eigenes Parlament, eine eigene Fahne, aber auch gleichzeitig einen finnischen Gouverneur. Die Inseln sind entmilitarisierte Zone, die allgemeine finnische Wehrpflicht gilt nicht für Åländer; seit 1984 hat man eigene Briefmarken und 1991 kamen sogar eigene åländische Münzen heraus. Da bekamen allerdings die finnische Regierung und die Zentralbank in Helsinki das Gefühl, nun gehe es mit der Autonomie doch etwas zu weit und man stellte klar, daß der Åland-Taler nicht als offizielles Zahlungsmittel anstelle der Finnmark, sondern höchstens als Gedenkmünze, als numismatisches Souvenir für Touristen, verwendet werden darf.

Solider Untergrund

Zumindest in geologischer Hinsicht steht Finnland auf festem Grund: Fast überall stößt man schon nach kurzem Graben auf Fels, meist braucht man nicht einmal zu graben. Wegen des Felsbodens haben finnische Häuser für gewöhnlich keinen Keller; das Ausheben einer Baugrube wäre viel zu teuer. Auch öffentliche Bauvorhaben werden oft extrem kostspielig. Die Untergrundbahn in Helsinki hat zwar nur eine Linie, so daß den Fahrgästen das leidige Umsteigen erspart bleibt, aber sie soll ebenso viel Geld verschlungen haben, wie die gesamte Erweiterung des Westberliner U-Bahnnetzes in den 80er Jahren. Jeder Kubikzentimenter Tunnel mußte mühsam aus dem Fels gesprengt werden. Die Presse wirft den Stadtvätern von Helsinki denn auch vor, die ganze U-Bahn sei nur ein korruptionsumwobenes Prestigeobjekt, für das Geld hätte man Hunderte von Buslinien einrichten können.

Der größte Teil des finnischen Felsbodens zählt zu den ältesten Formationen der Erde und stammt aus der präkambrischen Zeit. Geologisch gehört Finnland zum baltischen Schild. Die ältesten Gesteinsarten sind Schiefer und Gneise, zu den jüngsten gehören die ebenfalls weitverbreiteten Granite.

Die Spuren der Gletscher aus der letzten Eiszeit sind auch heute noch deutlich zu sehen. Damals wurde der Felsboden um etwa sieben Meter abgeschliffen. Das Land sank unter dem Gewicht des auf ihm lastenden Eises. Heute, zehntausend Jahre nach Abschmelzen des Eises, hebt sich Finnland noch immer, an manchen Stellen in Pohjanmaa sogar bis zu einem Zentimeter jährlich, was zu einer Verschiebung der Küstenlinie und zu Landgewinn führt. Auch die in ganz Finnland verbreiteten Moränen legen noch deutliches Zeugnis von der Eiszeit ab.

Finnland war übrigens nicht immer ein Land des Frostes und des Winters. Im Zuge der Kontinentalverschiebungen legte das Stück Land, das heute Finnland heißt, weite Strecken zurück und überquerte mehrmals den Äquator. Vor etwa 380 Millionen Jahren lag Finnland auf der gleichen geographischen Breite wie heute die Sahelzone. Und vor knapp einer Millarde Jahren lag die südliche Hälfte Finnlands sogar in der Antarktis, jenseits des südlichen Polarkreises.

Was jeder darf

Der Tourist, der in Finnland außerhalb der größeren Städte unterwegs ist, tut gut daran, die *jokamiehen oikeudet* zu kennen, die Jedermannsrechte. In diesen ist nämlich festgelegt, was man in freier Natur alles tun darf und was nicht. Man darf z. B. überall zu Fuß gehen oder sich auf Skiern fortbewegen, auch auf Ackerland, sofern dies keinen Schaden verursacht. Man darf eine Nacht am selben Ort wild kampieren, vorausgesetzt, man hinterläßt keine Spuren und keinen Müll. Privatgrundstücke und Industriegelände aber darf man nicht betreten. Weil es in Finnland nicht immer einfach ist, festzustellen, ob man sich nun auf Privatgelände befindet, hat sich der Gesetzgeber eine Faustregel einfallen lassen: Sobald man sich außer Sichtweite einer menschlichen Behausung befindet, treten Jedermannsrechte in Kraft.

Eislochfischen nur mit Genehmigung

In oder auf dem Wasser darf man schwimmen, segeln, windsurfen, rudern, mit dem Kajak, dem Motorboot, ja sogar mit dem Dampfschiff fahren, sofern man eines besitzt. Im Winter darf man die Eisflächen nutzen, wozu immer man will. Eislochfischen allerdings erfordert eine Genehmigung. An Land gehen darf man nur an unbewohnten Uferstellen. Das Wasser darf zum Waschen und Kochen verwendet werden, nicht aber für industrielle oder gewerbliche Zwecke. Auch das Sammeln von Beeren, Pilzen und ungeschützten Pflanzen ist erlaubt, aber nur in unbewohnten Gegenden.

Das Bergbaugesetz gestattet die Suche nach Edelmetallen und anderen Bodenschätzen, finnische Staatsbürger dürfen sich sogar einen eigenen Claim abstecken – Ausländer allerdings nicht.

Lappland – der Zehn-Wochen-Tag

«Die Tierähnlichkeit der Fennen ist erstaunlich, ihre Armut abschreckend. Sie haben keine Waffen, keine Pferde, kein Haus. Ihre Nahrung besteht aus Kräutern, die Kleidung aus Tierhäuten, ihre Lagerstätte ist der Erdboden; ihre einzige Hoffnung sind die Pfeile, die sie aus Mangel an Eisen mit spitzen Knochen versehen. Dieselbe Jagd gibt Männern und Frauen in gleicher Weise ihren Lebensunterhalt; denn die Frauen kommen überall mit hin und beanspruchen ihren Teil an Beute. Auch die kleinen Kinder haben keine andere Zufluchtstätte vor wilden Tieren und vor dem Regen als den Unterschlupf unter irgendein Geflecht von Zweigen: hierhin kehren die jungen Männer zurück, das ist auch das Asyl der Greise. Aber sie meinen, man sei glücklicher, als wenn man über schwerer Ackerarbeit seufze, mühsam Häuser baue, eigenes und fremdes Hab und Gut in Furcht und Hoffnung umzusetzen suche: Ohne sich um die Menschen, ohne sich um die Götter zu kümmern, haben sie das Schwerste erreicht: wunschlos zufrieden zu sein.»

(Publius Cornelius Tacitus, 55/56–116 n. Chr. in seinem Werk «Germania» über den Stamm der Fennen)

Mit diesen Worten kann der römische Geschichtsschreiber nicht die heutigen Finnen gemeint haben, die waren vor zweitausend Jahren noch gar nicht in Finnland. Aller Wahrscheinlichkeit nach handelte es sich bei *Fennen* um die Saamen, die Ureinwohner Lapplands.

Ein knappes Drittel der Landesfläche Finnlands liegt nördlich des Polarkreises, der nur wenige Kilometer oberhalb von *Rovaniemi,* der Provinzhauptstadt Finnisch-Lapplands, verläuft. Jenseits dieser Linie stößt man auf das Phänomen der Mitternachtssonne bzw. der arktischen Dämmernacht, auf finnisch *kaamos* genannt. In der Ortschaft *Utsjoki* im nördlichsten Zipfel Finnlands braucht man im Sommer 73 Tage lang kein elektrisches Licht; so lange dauert der arktische Tag. Die entsprechende Nacht um Weihnachten herum dauert «nur» 51 Tage.

Im Süden, etwa in der Hauptstadt Helsinki, gibt es zwar weder die Mitternachtssonne noch ihr Gegenteil, aber auch hier spürt man schon ganz deutlich, daß man sich weit im Norden befindet. In Helsinki dauert der längste Tag des Jahres ungefähr 19 Stunden, der kürzeste etwa sechs Stunden.

Die Bevölkerungsdichte in Finnisch-Lappland liegt bei etwa zwei Menschen pro km^2. Diese Zahl besagt jedoch nicht viel, denn allein die Städte Rovaniemi, Tornio, *Kemi* und *Kemijärvi,* letztere ist die einzige finnische Stadt nördlich des Polarkreises, haben zusammen knapp 100 000 Einwohner – die Hälfte der Bevölkerung ganz Finnisch-Lapplands.

Wer mit dem Auto nach Lappland fährt, sieht irgendwann am Straßenrand ein Schild mit der Aufschrift *napapiiri* - Arctic Circle. Und dann geht es weiter durch menschenleere Weite nach Norden. Anfangs findet man an wettergeschützten Stellen noch Nadelbäume, in der Hauptsache Fichten und Kiefern. Sonst aber gibt es nur endlose Tundra, Geröll, Moose und Flechten. Ganz im Norden wachsen gar keine richtigen Bäume mehr, sondern nur noch kleinwüchsige, verkrüppelte Zwergbirken.

Die Berge Lapplands, die meist baumlosen *tunturit* oder Fjälle, zählen zu den ältesten Gebirgszügen der Erdkruste. Die jahrtausendelange Erosion hat sie zu sanft geschwungenen Hügeln ohne schroffe Konturen abgerundet. Hier in Lappland liegt auch der höchste Berg Finnlands, der *Haltiatunturi* mit 1328 Metern.

Die durchschnittliche Jahrestiefsttemperatur in Lappland, die meist Ende Januar, Anfang Februar registriert wird, liegt bei minus 37 Grad Celsius, aber die Quecksilbersäule sinkt nicht selten auf unter minus 50 Grad. Das Jahreshöchstmittel beträgt plus 28 Grad, die Temperatur-

Urwald, Fels und Flechten in Ostfinnland.

Oben:
Fels- und Waldwildnis im Nordosten Lapplands.
Unten:
Dichter Flechtenbewuchs ist ein Indiz für gute Luftqualität. In Pyhätunturi im südlichen Lappland.

Oben:
Eine Impression von der Isokuruschlucht, Pyhätunturi.
Unten:
An den Ufern des Sees Lietvesi, Finnische Seenplatte.

Die Weiten des südlichen Lapplands von Pyhätunturi aus gesehen.

Herbst und schiere Unendlichkeit auf den Höhen der Pallastunturi, Lappland.

Oben:
Bei Enontekiö (Hetta) in Lappland.
Unten:
In der Gegend von Sevettijärvi im Nordosten Lapplands.

Oben:
Landwirtschaftliches Anwesen nördlich von Enontekiö, Lappland.
Unten:
Auf Angeltour bei Enontekiö, Lappland.

Bei Julma Ölkky in Ostfinnland.

Milliardenheere verdunkeln den Himmel

Nordlichter

schwankungen, denen Mensch und Natur im Laufe eines Jahres ausgesetzt sind, umfassen also mindestens 60 Grad Celsius. Die Sonne scheint in Lappland während eines Jahres im Mittel etwa 1700 Stunden lang, die durchschnittliche Schneehöhe liegt zwischen 100 und 150 Zentimetern.

Der angehende Lappland-Tourist mag denken, der Sommer sei die beste Zeit für eine Reise ans nördliche Ende der Welt. Doch ist der Sommer als Reisezeit wirklich nicht zu empfehlen, denn das ist die Zeit der Mücken, deren Milliardenheere den lappländischen Himmel verdunkeln, sobald die Larven in den Pfützen der Schneeschmelze ausgeschlüpft sind. Als Illustration hierfür mag der Witz von dem Mann dienen, der einst seinen Hut in die Luft warf und noch heute auf ihn wartet. Diese Insektenwarnung ist durchaus ernstzunehmen, schon mancher Reisende hat sich fluchend geschworen, nie mehr nach Lappland zu kommen. Die kleinen Plagegeister stürzen sich zu Tausenden auf alles, was auch nur entfernt über einen Blutkreislauf verfügt.

Die besten Zeiten für einen Ausflug nach Lappland sind entweder August oder September, die *ruska,* wenn sich die Vegetation innerhalb kürzester Zeit in ein überwältigendes herbstliches Farbenspiel verwandelt, oder März und April, der ausgehende Winter, währenddessen man Langlaufloipen genießen kann, wie es sie sonst fast nirgends in Europa gibt. In den vergangenen Jahren hat die finnische Tourismusbranche in Lappland in Erwartung eines Booms – der allerdings bisher ausgeblieben ist – unzählige neue Ski- und Freizeitzentren auf dem arktischen Dauerfrostboden errichtet. Die bekanntesten davon sind *Pyhätunturi* und *Pallastunturi.*

Eine andere beliebte Urlaubsbeschäftigung in Lappland besteht darin, Gold zu waschen, beispielsweise in *Tankavaara.* Es ist schon sehr lange her, daß jemand auf diese Weise zu Reichtum gekommen ist, aber Goldwaschen nördlich des Polarkreises ist eine sehr kontemplative Freizeitgestaltung, oft genau das richtige für strapazierte Nervenkostüme.

Ein Naturereignis, das man in Lappland recht häufig beobachten kann, ist das Nordlicht, von Wissenschaftlern *aurora borealis* genannt. Nordlichter treten immer gleichzeitig an beiden Polen auf, ihre Häufigkeit ist abhängig von der Jahreszeit und von der Aktivität der Sonne. Die besten Chancen, ein Nordlicht zu sehen, hat man zur Zeit der Tag-und-Nacht-Gleiche im Frühling und Herbst und zur Zeit von Sonnenfleckenmaxima. Nordlichter sind fast immer grünlich-gelb oder rot, aber sie können sehr verschiedene Formen haben: große, stehende Bögen in ostwestlicher Richtung oder auch strahlenförmige, sich schnell bewegende, pulsierende Gebilde. Ein starkes Nordlicht besitzt die Leuchtkraft des Vollmondes. Nordlichter entstehen, wenn Elektronen oder Protonen der Magnetosphäre durch Einfluß des Magnetfelds der Erde auf höhere Schichten der Atmosphäre treffen. In etwa hundert Kilometer Höhe laden diese Teilchen Atome und Moleküle mit Energie auf und die Entladung ist dann als Nordlicht sichtbar. Die größte Chance, ein Nordlicht zu sehen, hat man in *Sodankylä* in Lappland, wo sich ein bekanntes arktisches Observatorium befindet.

Sumpfleute auf Wanderschaft

Von den etwa 200 000 Menschen, die in Finnisch-Lappland leben, sind nur ein Bruchteil echte Lappländer. Man nennt sie meist Lappen, obwohl dieses Wort in ihren Ohren abschätzig, sogar verletzend klingt. Der korrekte Name für die Ureinwohner, zumindest in Finnisch-Lappland, lautet Saamen, auf finnisch *saamelaiset,* abgeleitet aus einem Wort ihrer eigenen Sprache, *sápmelas,* «Sumpfleute».

Die Bezeichnung Saamen ist eigentlich nur ein Oberbegriff für die vielen verschiedenen Stämme dieses Volkes, das im Norden Skandinaviens auf das Territorium von vier Staaten verteilt lebt. Die Saamen sind verstreut über Nordnorwegen, Nordschweden, den Norden Rußlands und Finnland. Insgesamt gibt es zwischen 40 000 und 70 000 Saamen. Die Zahlenangaben schwanken so stark, weil es kein eindeutiges Kriterium für die Zugehörigkeit gibt. Manche Berechnungen legen die saamische Sprachfamilie mit ihren zahlreichen Untergruppen zugrunde, manche die traditionelle Lebensweise, manche ethnische Abstammung.

Die meisten Saamen leben in Norwegen und Schweden, in Finnland gibt es nur noch etwa 5000, vor allem in den Gegenden um *Utsjoki*, *Inari* und *Enontekiö.* Die Wissenschaft tut sich schwer mit der Bestimmung ihrer Herkunft, bisher ist es noch nicht gelungen, im Dunkel der Geschichte ein saamisches Volk ausfindig zu machen. Relativ sicher ist jedenfalls, daß die Saamen schon lange in Lappland siedeln, vielleicht sogar schon einige tausend Jahre vor Beginn der Zeitrechnung.

Eigentlich kann man gar nicht von *einer* saamischen Kultur sprechen, denn die regionalen Unterschiede sind sehr groß. Die klarste Trennungslinie kann man zwischen den Rentiersaamen und den Waldsaamen ziehen, wobei als Waldsaamen einfach all diejenigen bezeichnet werden, deren Haupterwerb nicht die Rentierzucht ist. Eine der kleinsten Untergruppen sind die *Skolt-Lappen.* Es gibt noch ungefähr 600 davon, sie leben im äußersten Nordosten Finnlands und Nordwesten Rußlands und gehören der russisch-orthodoxen Kirche an. Optisch kann man die verschiedenen Stämme der Saamen an ihren zwar sehr unterschiedlichen, aber fast ausnahmslos farbenprächtigen Trachten erkennen. Auch die Sprachen der verschiedenen Saamenstämme unterscheiden sich deutlich voneinander. Die Ähnlichkeiten und Überlappungen sind aber groß genug, daß Saamen verschiedener Provenienz ohne Schwierigkeiten miteinander kommunizieren können.

In Finnisch-Lappland leben etwa ebensoviele Rentiere wie Menschen, ungefähr 200 000, die knapp 6000 verschiedenen Besitzern gehören. Ursprünglich war das Rentier kein Zuchttier, sondern Jagdwild. Erst vor etwa 500 Jahren gingen die Saamen dazu über, halbzahme Rentiere zu züchten. Durch ihre nomadische Lebensweise konnten sie die verschiedenen Vegetationszonen und das karge Angebot der arktischen Natur recht effektiv ausnutzen.

Das Verhältnis der Saamen zur jeweiligen staatlichen Obrigkeit im Laufe ihrer Geschichte war alles andere als ungetrübt. Die Bürokraten in den Hauptstädten Finnlands, Norwegens, Rußlands und Schwedens entdeckten die Saamen als Steuerzahler und knöpften ihnen den Zehnten ab, aus naheliegenden Gründen meist in Form von Rentieren und Fellen. Da man sich im hohen Norden nicht immer über die genaue Abgrenzung lokaler Zuständigkeiten klar war, wurden viele Saamen, sozusagen um auf Nummer Sicher zu gehen, einfach von zwei Staaten besteuert. Am schlechtesten erging es den Saamen in Inari, sie hatten das zweifelhafte Vergnügen, gleich drei Herren Felle und andere Naturalien liefern zu müssen.

Norweger, Schweden und Finnen drängten die Saamen im Laufe der Jahre durch eine gezielte Siedlungspolitik immer weiter nach Norden zurück. Vor allem die Christianisierung des Nordens fügte der saamischen Lebensweise großen Schaden zu. Die Kirche setzte rabiate Sanktionen durch, und die traditionelle Kultur der Saamen wurde systematisch demontiert. Man verbot ihnen, in der Schule ihre Muttersprache zu reden, erklärte ihre Bräuche für heidnisch und diffamierte sogar den *joiku,* die traditionelle Musik der Saamen, als heidnisch.

Dieser Joiku erinnert auffallend an die Gesänge der nordamerikanischen Indianer. Meist handelt es sich dabei um spontane Vokalimprovisationen, gesungen zu allen möglichen Anlässen des täglichen Lebens. Man sang Joikus etwa zur Begrüßung von Gästen, bei Trauerfeiern, Hochzeiten oder um die Naturgottheiten um Jagdglück zu bitten.

Das traditionelle Weltbild der Saamen ist stark von der sie umgebenden, weitgehend unberührten Natur geprägt, zu der sie ein animistisches Verhältnis haben. Alles lebt, alles ist durchdrungen von Geistern – Erde, Steine, Wasser, Luft, Tiere und Menschen. Wichtigste Symbole dieser ganzheitlichen Naturphilosophie sind die Hexentrommeln, *noitarumpu,* und andere magische Totems, Kultgegenstände, *seitas* genannt.

Fast jeder saamische Stamm hat einen oder mehrere Medizinmänner, Schamanen, zu deren Aufgaben es gehört, vor Wanderungen, Jagden und ähnlichen Unternehmungen die Natur um Erlaubnis zu fragen, bevor sie durch die Aktionen des Menschen gestört wird. Die Schamanen haben durch ihre Erfahrung viele praktische Fähigkeiten erworben, beispielsweise im Heilen von Krankheiten, in der Kräuterkunde oder beim Vorhersagen des Wetters.

Nicht nur die aggressive Expansionspolitik der aus dem Süden vordringenden Siedler machte den Saamen zu schaffen, sondern auch die westliche Welt, die vor allem in den sechziger Jahren durch Radio, Fernsehen und Presse in den hohen Norden gelangte und die traditionelle Wertewelt vor allem der jungen Saamengeneration durcheinanderbrachte: Anstelle des Joiku kam die Popmusik, die handgenähten Lappenstiefel aus Rentierfell wichen Cowboystiefeln, die lappländische Tracht dem Minirock, selbst bei Minusgraden, der Schlitten mußte dem Auto oder dem *moottorikelkka,* dem motorisierten Snowmobil, Platz machen. Auch hier, jenseits des Polarkreises, übernahm die Jugend unbesehen die Statussymbole der westlichen Industriestaaten und interessierte sich immer weniger für die eigenen Wurzeln.

Zum Glück aber begriffen einige Saamen, sozusagen in letzter Minute, was es bedeuten würde, zur bloßen Touristenattraktion zu verkommen und sich in bunter Tracht gegen Entgelt bei der Rentierscheidung ablichten zu lassen. Seit den siebziger Jahren gibt es eine Rückbesinnung auf die überlieferten Werte. Die Wiederbelebung der echten saamischen Lebensweise geschah vor allem durch die Sicherung der alten, handwerklichen Traditionen. Anstatt sich mit der Herstellung von kulturell wertlosen Touristensouvenirs abzugeben, fertigt man wieder Gebrauchs- und Schmuckgegenstände aus Holz und den traditionellen Materialien Talg, Fell, Sehnen, Geweih und Knochen – alles, was man von einem Rentier nutzen kann.

Zweifellos eine der wichtigsten Integrationsfiguren für das neue Bewußtsein der Saamen ist der Dichter und Musiker *Nils Aslak Valkeapää.* In seinen Liedern und Gedichten geht es hauptsächlich um den Erhalt der saamischen Sprache, der überlieferten Kultur und Lebensweise. Er versucht seinem Publikum klarzumachen, daß die alten Traditionen und die mystische Verbundenheit mit der Natur keine oberflächlichen Verzierungen, sondern die spirituelle Grundlage des Lebens in Lappland sind.

Das Zentrum der saamischen Traditions-Bewegung ist die Ortschaft Inari am *Inarijärvi,* dem mit einer Fläche von 1102 km^2 zweitgrößten See Finnlands, in dem mehrere tausend Inseln liegen; auf einer davon befindet sich die wichtigste historische Kultstätte der Saamen. Hier in Inari gibt es seit Herbst 1991 *Sámi Radio,* einen saamischsprachigen Radiosender, außerdem ein Parlament, das allerdings keine beschlußfassenden, sondern nur beratende Kompetenzen hat; hier ist auch der Sitz der saamischen Handarbeitsgesellschaft, die mit ihrem Warenzeichen die Erzeugnisse der Saamen schützt, und nicht zuletzt befindet sich hier auch das wichtigste Saamenmuseum.

Das Saamische wurde 1991 endlich per Gesetz zur dritten offiziellen Landessprache Finnlands erhoben. Alle saamischen Kinder erhalten Schulunterricht in ihrer Muttersprache, und sämtliche Dokumente müssen auch auf saamisch abgefaßt werden. Doch das ist vorläufig weitgehend graue Theorie, denn es gibt noch viele Probleme zu bewältigen: Zum Beispiel fehlt es an Übersetzern und am Geld für deren Löhne, außerdem gibt es für viele Dinge, vor allem für technische Geräte, im Saamischen keine Wörter und man muß sich Neuschöpfungen ausdenken, und die meisten der etwa viertausend saamischsprachigen Finnen können ihre Muttersprache nicht korrekt schreiben – schließlich war sie jahrhundertelang so gut wie tabu. So wird es wohl noch einige Jahre und viele Sprachkurse dauern, bis die Sprache der Saamen wirklich einen gleichberechtigten Stellenwert in Finnland hat.

Ein Elch im Wohnzimmer – Fauna & Flora

«Wenn man vor dem Wolf flieht, begegnet einem der Bär.»

(Finnisches Sprichwort)

Cäsar berichtet in seinen Reiseerzählungen über Elche in Germanien, die keine Kniegelenke hatten und sich nicht zum Schlafen hinlegen konnten, weil sie sonst nicht wieder hätten aufstehen können. Die schlauen Germanen sägten deshalb, so Gaius Julius, in den Wäldern die Bäume an. Wenn sich abends ein müder Elch zum Schlafen an einen dieser Bäume lehnte, brach der Baum, der Elch fiel um und blieb hilflos liegen. Die Germanen brauchten nur noch am nächsten Morgen die Tiere vom Boden aufzusammeln.

Die Mitteleuropäer haben es durch harte Arbeit und diverse Wirtschaftswunder geschafft, unter anderem auch ihre Elche auszurotten. In Finnland aber haben sich die Tiere in den vergangenen Jahrzehnten wegen des Rückgangs der Wölfe, ihrer natürlichen Feinde, sogar vermehrt. Schätzungsweise 130 000 Elche leben wild in den finnischen Wäldern, und es ist gar nicht selten, daß man einem begegnet. Die Verkehrswarnschilder «Elchwechsel» stehen in Finnland nicht zur Zierde an den Straßenrändern.

Für den Touristen mag es zwar exotisch sein, einen wilden Elch zu sehen, für die Finnen ist es auch nicht unbedingt alltäglich, aber auf jeden Fall nicht romantisch. Ein ausgewachsener Elch wiegt soviel wie ein Konzertflügel, und auf einer einsamen Landstraße mit einem solchen zusammenzustoßen ist alles andere als ein schönes Ferienerlebnis.

Elche sind im allgemeinen scheu und harmlos, wenn sie einen Menschen sehen, verschwinden sie meist so schnell wie möglich. Aber nicht selten leben sie trotzdem in unmittelbarer Nähe des Menschen. Ab und zu verirren sich sogar einzelne Exemplare ins Stadtzentrum von Helsinki. Eine etwas exzentrische finnische Familie hält sich auch einen Elch als Haustier. Das Fernsehen brachte einen kurzen Bericht darüber und man sah, wie die Kinder der Familie zusammen mit der Elchkuh auf dem Wohnzimmersofa saßen und sich das Nachmittagsprogramm anschauten.

1989 ereignete sich ein Fall, der für den betroffenen Elch tragisch endete: Die Parteien eines Mietshauses am Stadtrand von Helsinki veranstalteten *talkoot,* das heißt, sie arbeiteten alle zusammen im Garten, räumten auf und pflegten Blumen und Büsche. Da trat ein Elch aus dem Wald. Alle verhielten sich mucksmäuschenstill und beobachteten den Besucher, der bedächtigen Schrittes durch den Garten auf das Haus zuging. Vor einem großen Parterre-Wohnzimmerfenster blieb er stehen und sah in der Scheibe sein Spiegelbild. Offensichtlich wähnte sich der Elch einem Widersacher gegenüber, denn er griff sofort an, stürzte durch die Scheibe ins Wohnzimmer und verwüstete die Wohnung. Das Tier hatte sich beim Sprung durch das Fenster verletzt und so wurde die Wohnung noch über und über mit Blut besudelt. Die Hausbewohner hatten natürlich sofort die Polizei alarmiert, und ein Beamter machte dem Amoklauf des Elches durch einen gezielten Schuß aus seiner Dienstpistole ein Ende.

Finnische Biologen haben etwa 60 verschiedene heimische Säugetierarten gezählt. Die verbreitetsten davon sind der Hase, der Fuchs und das Eichhörnchen. Dazu kommen etwa 350 Vogelarten, von denen aber nur ganz wenige für den finnischen Winter gerüstet sind und auch in der kalten, dunklen Zeit hierbleiben, wie beispielsweise der Rabe und die Amsel. Die Gattung der Raubvögel ist hauptsächlich durch verschiedene Adlerarten und

Habichte vertreten. In einem Land mit so vielen Seen gibt es an die 70 verschiedene Fischarten. Zahlenmäßig und vom kommerziellen Interesse her ist der Ostseehering der Spitzenreiter unter ihnen.

Auch Wölfe gibt es in Finnland, allerdings nur noch ein paar Hundert, und diese letzten Exemplare sind extrem scheu. Meist streunen sie im Grenzgebiet zwischen Rußland und Finnland herum. In besonders harten Wintern kann man in finnischen Zeitungen ab und zu eine Notiz lesen wie: «Schule geschlossen wegen Wolfsgefahr.» Diese Fälle sind zwar selten, aber es kann doch vorkommen, daß hungrige Wölfe den Schulweg der Kinder unsicher machen. In manchen Gegenden Finnlands kommen die Kinder auch heute noch über große Entfernungen auf Skiern zur Schule.

Das Rentier ist eigentlich ein Haus- und Nutztier, obwohl es in Lappland frei herumläuft. Die Saamen, die noch nomadisch leben, lassen ihre Rentierherden oft über weite Strecken grasen, damit sie im unwirtlichen Norden genug Nahrung finden. Dabei kommt es manchmal auch zu absonderlichen Zwischenfällen. So erprobte die finnische Straßenverkehrsbehörde Ende der achtziger Jahre in Lappland ein neuartiges Streusalz, von dem man sich erhoffte, daß es den Schnee auf den Straßen schneller abschmelzen und für freie Fahrt sorgen würde. Der Schnee schmolz zwar, doch von freier Fahrt konnte keine Rede sein. Die Rentiere entdeckten nämlich ihre Vorliebe für dieses neue Salz und versammelten sich zu Tausenden auf Lapplands Straßen, um es aufzulecken. Der Verkehr staute sich, und das Salz kam seither nicht mehr zum Einsatz.

Vor einigen Jahren hatte ein cleverer finnischer Geschäftsmann die brillante Idee, in Lappland Rentiersafaris zu veranstalten, um damit vor allem deutsche Touristen in das strukturschwache Gebiet jenseits des Polarkreises zu locken. Er wollte den Deutschen Gewehre in die Hand drücken und sie auf die Rentiere der Nomaden loslassen. Dieses Vorhaben verursachte eine Welle der Entrüstung in Lappland. Die Saamen protestierten und drohten damit, Busladungen von finnischen Touristen in die bayrischen Alpen zu karren und dort die Milchkühe der Almbauern abzuknallen. Es überrascht wohl niemanden, daß das ganze Rentiersafariprojekt seither nicht mehr zur Sprache gekommen ist.

Die wilden Luchse, die Braunbären und die Biber haben sich in Finnland in den letzten Jahren zwar wieder vermehrt, sind aber dennoch bedroht und stehen unter Naturschutz, ebenso wie die Saimaa-Ringelrobbe, die einzige Süßwasserrobbe der Welt, die im Saimaa-Seensystem ihr Zuhause hat. Von der Saimaa-Robbe gibt es nur noch wenige Exemplare und man bemüht sich neuerdings intensiv um ihren Schutz. Zu den «Exoten» der finnischen Tierwelt gehören auch die Lemminge und die schneeweißen Polarfüchse, deren Habitat die baumlosen Hochflächen (Fjälle) des extremen Nordens sind.

Die vorherrschende Vegetationsform in Finnland ist der Wald. Im Süden und Südwesten wachsen auch Eichen, ansonsten trifft man fast überall auf Lärchen, Kiefern und Fichten und vor allem Birken. Die bereits erwähnte arktische Zwergbirke ist im Norden fast die einzige Baumart, die sich auf der dünnen Erdkruste über dem Felsboden halten kann. Statt Bäume findet man in Lappland dafür um so mehr Moose und Flechten, insgesamt fast 2000 verschiedene Arten.

Früher gab es in Finnland weite Sumpfgebiete, aber man hat die meisten davon trockengelegt. In manchen Landesteilen ist die Torfgewinnung noch ein einträgliches Geschäft, Torf wird als Heizmaterial und zum Befeuern einiger kleinerer Kraftwerke verwendet.

Im Verhältnis zu den dichtbesiedelten Ländern Europas ist die Umwelt in Finnland noch in relativ gutem Zustand. Aber auch hier zeigt die Öko-Uhr fünf vor zwölf: Die Abwässer von Industrie und Landwirtschaft drohen, die Seen zu überdüngen, und der Wald zeigt schon an vielen Stellen durch sauren Regen hervorgerufene Schäden. Die größten Sorgen bereitet allerdings der Norden, denn die relativ artenarme Tier- und Pflanzenwelt der arktischen Regionen ist sehr anfällig und hat nur ein geringes Regenerationspotential. Umweltschäden wirken sich hier stärker und vor allem langfristiger aus als im Süden. Das Hauptproblem sind nicht die Emissionen der finnischen, sondern die der russischen Industrie. Die Nickelhütten auf der benachbarten Kola-Halbinsel in der Nähe von Murmansk sind eine akute Bedrohung für das natürliche Gleichgewicht in Finnisch-Lappland. Da es den Nachbarn im Osten sowohl an Geld als auch an ökologischem Verständnis fehlt, hat Finnland begonnen, die Industrie in Rußland nachzurüsten und mit Filtern und anderen emissionsdämmenden Anlagen auszustatten, auf eigene Kosten und im eigenen Interesse.

Auch in Finnland gibt es seit Anfang der achtziger Jahre eine organisierte Umweltschutzbewegung. Ihre Durchsetzungskraft ist aber nur sehr begrenzt, denn man geriet sich schon kurz nach Gründung der grünen Partei über Prinzipienfragen derart in die Haare, daß es zur Spaltung in zwei rivalisierende grüne Fraktionen kam, die sich oft gegenseitig in politische Grabenkämpfe verstricken, statt sich auf den Schutz der einzigartigen finnischen Natur zu konzentrieren. Dabei gäbe es viel zu tun, vor allem im Bereich der Aufklärung, denn das Umweltbewußtsein des Durchschnittsfinnen ist nicht gerade weit entwickelt. Die meisten Menschen hier leben mit dem Gefühl, es gebe so viel Natur, daß man nicht sehr sparsam damit umzugehen brauche, nach dem Motto: Wenn ein See verschmutzt ist, schwimmt man eben im nächsten. Zwar gibt es in Finnland schon lange ein effektives Recycling-System: Papier, Glas und Batterien werden getrennt gesammelt und entsorgt, aber die allgemeine Akzeptanz von Umweltschutzmaßnahmen bei der Bevölkerung muß in den kommenden Jahren noch erheblich verbessert werden, wenn man irreversible Schäden an Wald, Luft und Wasser verhindern will.

Sauna – Schweiß & Schläge

«Wenn Schnaps, Teer und Sauna nicht helfen, ist die Krankheit tödlich.»
(Finnisches Sprichwort)

KEINE FINNISCHE ERFINDUNG

TRIEFÄUGIG & BLIND

Entgegen einer weitverbreiteten Ansicht haben die Finnen die Sauna nicht erfunden. Das Prinzip der Sauna ist viel älter als die finnische Kultur und ihre Ursprünge sind unbekannt. Man kann aber sagen, daß die Finnen die Sauna in ganz besonderem Maße in ihr tägliches Leben integriert haben. In Finnland gibt es etwa 1,4 Millionen Saunas, also kommt eine auf ungefähr dreieinhalb Einwohner – man kann sich vorstellen, wie da geschwitzt wird.

Ursprünglich diente die Sauna den Finnen außer praktischen auch meditativen Zwecken. Die Reinigung des Körpers geht einher mit einer Reinigung der Seele. Wer die Sauna kennen und schätzen gelernt hat, weiß, daß sie auf die Psyche ebenso entspannend wirkt wie auf die Physis.

Viele, wenn nicht sogar die meisten Finnen der älteren Generation wurden in einer Sauna geboren. Das ist verständlich, wenn man bedenkt, daß die Sauna in jedem Haus oder Gehöft der Raum war, der am leichtesten warm und auch am leichtesten sauber zu halten war. Allerdings heizte man die Sauna anläßlich einer Geburt nur auf etwa Körpertemperatur. Auch zum Aufbewahren der Leichen frisch verstorbener Verwandter sowie zum Trocknen von Fleisch und anderen Lebensmitteln wurde die Sauna genutzt.

Eine besondere, seltenere Spielart des finnischen Schwitzkastens ist die Rauchsauna. Diese hat keinen Kamin, so daß sich der Qualm des Heizfeuers in der kleinen hölzernen Stube sammelt. Die Tür einer solchen Rauchsauna ist zweiteilig, und wenn der Raum warm genug ist, öffnet man die untere Hälfte der Tür. Der Rauch, das Kohlenmonoxyd und andere giftige Verbrennungsrückstände entweichen, die Hitze aber bleibt im oberen Teil der Sauna. Die Wände der Rauchsauna sind schwarz vom Ruß. Für einen saunabegeisterten Finnen ist die Rauchsauna edler und genußvoller als die normale.

Dieses Konstruktionsprinzip – ein Holzofen, aber kein Rauchabzug – wandte man früher nicht nur beim Bau von Saunas, sondern auch bei Wohnhütten, bei den sogenannten *savupirtit,* den Rauchbuden, an. Offensichtlich war Heizen oft wichtiger als Atmen, denn natürlich ist es nicht gerade gesund, in einer Hütte zu leben, die während der kalten Jahreszeit dauernd völlig verräuchert ist. Das meinte auch Carl von Linné, der schwedische Naturforscher, der im Sommer 1723 eine strapazenreiche Reise durch Finnland unternahm. In seinem Reisetagebuch gibt er einen praktischen pädagogischen Hinweis, wie man die Finnen zum Bau von Kaminen bewegen könnte. Er schreibt: *«Es kamen so viele Finnen zu mir, daß mir vor ihnen angst wurde, denn alle waren triefäugig und nahezu blind. Oft sah man hier, wie ein Blinder von einem weniger Blinden geführt wurde. Eitel war es für mich, vollkommen nutzlos, ihnen irgendein Mittel zu verschreiben, solange die Ursache des Leidens überall greifbar war, ihre Rauchbuden, und es wäre mein einziger Rat, sie allesamt an die Wand zu hängen und ihnen fünfzehn Schläge mit der Rute zu verabfolgen.»*

Vor Jahren war ich einmal mit einer Finnin in einer sogenannten «original finnischen Sauna» in Berlin. Vor der Tür hing eine Spielzeuguhr, die anzeigte, wann der Mann mit dem Aufguß das nächste Mal kommen würde. Als dieser dann erschien, war es keinem Insassen gestattet,

Vor dem Kunstmuseum Helsinki.

Eine der vielen idyllischen Ecken in Porvoo/Borgå.

Porvoo/Borgå ist die zweitälteste Stadt Finnlands. Schöne alte Holzhäuser prägen das Bild dieses Ortes.

Von oben nach unten:
– Langlaufloipe bei Inari. Ob ab 45 gebüßt wird?
– Ulrika-Leonora-Holzkirche in Kristiinankaupunki.
– Kein geläufiges Verkehrsschild: Loipe kreuzt Straße.
– Ein Briefkasten am Wegrand: Einbahnverkehr für die Post oder Besucher?
– Eine Goldgräber/-wäscherhütte im Lemmenjoki-National Park.
– Ein allgegenwärtiges Schild in Finnisch-Lappland.
– Auf der Fähre bei Hanhivirta, Finnische Seenplatte.
– Sommerliche Stimmung bei Somero, Südfinnland.

Man sehe sich vor ...

Eindrücke aus Porvoo/Borgå, wo Vergangenheit Gegenwart ist und es auch in Zukunft bleiben soll, mindestens was die Bausubstanz des alten Kerns betrifft.

Oben:
Speicher- und Bootshäuser entlang Porvoos/Borgås Wasserfront.
Unten:
Kristiinankaupunki/Kristinestad wurde schon 1649 schachbrettartig angelegt, ist überwiegend von Finnland-Schweden bewohnt und zeichnet sich durch eine reizvolle Holzarchitektur aus.

Sommerende auf den Åland-Inseln.

die Sauna vor stattgefundenem Aufguß zu verlassen. Der Mann schüttete sachkundig einige Kellen eukalyptusölhaltigen Wassers auf den Ofen, es zischte und das Publikum applaudierte artig. Als meine Begleiterin schallend lachte, wurde sie scharf zurechtgewiesen, sie wisse die original finnische Sauna nicht zu würdigen.

Finnen lachen meist über den tierischen Ernst, mit dem Ausländer die Sauna betreiben. Da wird mit Präzisionsinstrumenten die Temperatur gemessen, Ärzte verfassen Bücher über die ideale Luftfeuchtigkeit und stellen Regeln auf, wieviele Sekunden der gesunde Mensch in der Sauna oder im Abkühlbad zu verbringen hat. Für die Finnen gibt es nur eine Regel: Erlaubt ist, was Spaß macht, und was gut tut, merkt jeder selbst.

Ein weiterer wichtiger Unterschied im Hinblick auf die Saunabräuche ist die Geschlechtertrennung, die in Finnland herrscht. Nur Mitglieder derselben Familie gehen gemeinsam in die Sauna, höchstens noch sehr gute Freunde, aber ansonsten gehen Männer und Frauen streng getrennt in die finnische Sauna. In jeder öffentlichen Sauna gibt es entweder verschiedene Räume oder verschiedene Zeiten für Frauen und Männer. Wer auf ein erotisches Abenteuer hofft und glaubt, die Sauna sei ein günstiger Ort für das Knüpfen von Kontakten, ist schlecht beraten. Die Art von Sex-Saunas, wie sie in anderen Ländern existiert, gibt es in Finnland nicht.

Aufgüsse, auf finnisch *löylyt,* mit ätherischen Ölen, wie sie in mitteleuropäischen Saunas an der Tagesordnung sind, sind in Finnland unbekannt. Dafür aber gibt es Fanatiker, die, etwa um ausländische Besucher zu beeindrucken, plötzlich eine Flasche Schnaps hervorzaubern und den Inhalt über die heißen Steine kippen. In einem solchen Fall empfiehlt es sich, den Atem anzuhalten und unverzüglich den Raum zu verlassen, die Folgen sind andernfalls verheerend.

Zu einem anständigen Saunabesuch gehört auch, daß sich die Schwitzenden entweder selbst oder gegenseitig mit Büscheln aus Birkenzweigen, im Finnischen *vihta* oder *vasta* genannt, auf Bauch, Schenkel und Rücken schlagen. Zweck dieses auf den ersten Blick etwas sadomasochistisch anmutenden Rituals ist es, die Durchblutung anzuregen. Außerdem verbreiten die Birkenblätter einen angenehmen Duft. Die schönste Art, eine finnische Sauna zu genießen, erfordert einige Stunden Zeit und ein schönes Fleckchen an einem See. Während die Holzscheite im Ofen brennen – nur eine Sauna mit Holzofen kann das echte Gefühl vermitteln, in elektrisch beheizten Saunas ist die Luft trockener und die Hitze fühlt sich stechender an –, macht man einen kleinen Spaziergang im Wald, um Birkenzweige zu schneiden. Diese bindet man zu Vihtas zusammen und trägt dann eine ausreichende Menge Wasser vom See in die Sauna. Wenn die Sauna heiß und das bereitgestellte Bier kalt ist, kann's losgehen.

Von entscheidender Bedeutung für den weiteren Verlauf des Tages oder Abends ist natürlich auch das «Après». Es gibt viele Möglichkeiten, sich nach dem Schwitzbad abzukühlen. Hartgesottene frönen zum Beispiel dem Sport des *avantouinti,* dem Eislochschwimmen. Es gibt sogar Clubs, deren Zweck die Verbreitung dieses hehren Hobbys ist. Persönlich habe ich diese Spezialität noch nicht genossen, aber aus berufenem Munde wurde mir berichtet, es sei gar nicht so schlimm wie es aussieht. Das mag durchaus stimmen, denn sich nach der Sauna mit Freunden im Schnee zu rollen und sich gegenseitig damit einzureiben, klingt zwar fast ebenso gräßlich wie sich in ein Eisloch zu stürzen, ist aber, wie ich aus eigener Erfahrung weiß, äußerst angenehm und erfrischend und bedarf gar keiner Überwindung.

Ein Besuch in einer holzbeheizten Sauna inmitten der Natur und das anschließende Abkühlen, etwa auf der Terrasse eines Sommerhäuschens mit Blick auf einen See oder aufs Meer, in der Hand eine Flasche finnisches Bier, macht auch aus dem aggressivsten Individuum zumindest für ein Weilchen einen zufriedenen, ausgeglichenen Menschen. Vielleicht ist Finnlands erfolgreiche politische Gratwanderung zwischen Ost und West in den Jahren nach dem Zweiten Weltkrieg darauf zurückzuführen, daß der langjährige finnische Staatspräsident *Urho Kekkonen* die Gewohnheit hatte, ausländische Staatsgäste zum Schwitzen einzuladen. Auch der bärbeißige Staatschef einer Nuklearmacht wird zahm, wenn er nackt und krebsrot auf einer Holzbank sitzt, schwitzt, und mit Büscheln aus Birkenzweigen sanft geschlagen wird.

Kunst & Kultur – weiser alter Wäinämöinen

Werde von der Lust getrieben,
Von dem Sinne aufgefordert,
Daß ans Singen ich mich mache,
Daß ich an das Sprechen gehe,
Daß des Stammes Lied ich singe,
Jenen Sang, den hergebrachten.
Worte schmelzen mir im Munde,
Es entschlüpfen mir die Töne,
Wollen meiner Zung' enteilen.
(Aus dem Kalevala, Anfang der ersten Rune)

Elias Lönnrot (1802–84). Bearbeiter des finnischen Nationalepos Kalevala und genialer Sammler finnischer Volksdichtung.

Was für die Deutschen die Gebrüder Grimm sind, ist für Finnland der Arzt und Volkskundler *Elias Lönnrot.* Er durchwanderte in den dreißiger und vierziger Jahren des vergangenen Jahrhunderts die entlegenen Wald- und Sumpfgegenden Ostkareliens und sammelte die bis dahin nur mündlich überlieferte alte Volksdichtung der Finnen. Anstatt allerdings die Lieder, Sagen und Verse, die er auf seinen Reisen fand, wortgetreu und akribisch aufzuschreiben und für die Nachwelt zu erhalten, ging er sehr freizügig damit um. Er verband die einzelnen Stücke zum *Kalevala,* dem Nationalepos der Finnen. Insgesamt sammelte er rund hunderttausend Verse; wo diese nicht zusammenpaßten, wo sich kein roter Faden ergab, kürzte er, ließ Teile aus oder dichtete einfach selbst weiter. Nach mehreren vorläufigen Versionen erschien 1849 das endgültige, bis heute unveränderte Kalevala, das aus 22795 Versen besteht. Lönnrot nannte das Werk «ein Buch über die vorgeschichtliche Existenz, über das Leben und die Unternehmungen der Vorfahren, über die Bräuche und die Phasen ihrer Entwicklung».

Das Versmaß dieses Epos, auch das Kalevala-Maß genannt, ist der gut zum nordischen Lebensernst passende, etwas schwerfällige achtsilbige trochäische Doppelvers. Typisch für das Kalevala sind Alliterationen, also der in der altnordischen und altgermanischen Fassung verbreitete Stabreim.

Auch das Kalevala enthält, wie sich das für ein Nationalepos gehört, ein gerüttelt Maß an Gewalt, Angst und Schrecken. Im Gegensatz zum Nibelungenlied oder anderen vergleichbaren Epen aber sind die Helden des Kalevala keine furchterregenden Kriegertypen.

Die Zentralfigur ist *Wäinämöinen,* der große Sänger, Wahrsager und Zauberer. Er wurde am Anfang aller Zeiten von der Wassermutter geboren und gehört dem *Kalewa*-Stamm an, wie auch *Ilmarinen,* der Zauberschmied, und *Lemminkäinen,* ein raufiustiger, humorvoller Weiberheld. Die Bösen im Spiel, die Feinde des

Kalewa-Stammes, sind die Bewohner *Pohjolas,* des nebel- und geheimnisumwaberten Nordlands, über das die mächtige Hexe *Louhi* herrscht.

Der junge Lappländer *Joukahainen* macht Wäinämöinen seine Position als Sängerkönig streitig und fordert ihn zu einem Wettsingen heraus. Wäinämöinen sorgt durch seine magischen Lieder dafür, daß Joukahainen im Sumpf versinkt und ihm in Todesangst seine junge, selbstverständlich bildschöne Schwester *Aino* zur Frau anbietet. Wäinämöinen geht auf das Geschäft ein und läßt Joukahainen am Leben. Aus der Ehe mit Aino wird allerdings nichts: Das Mädchen ist von Wäinämöinens fortgeschrittenem Alter schockiert und ertränkt sich, denn sie will nicht die Frau eines Greises werden.

Wäinämöinen macht sich auf den Weg nach Pohjola, um dort auf Brautschau zu gehen. Unterwegs aber lauert ihm der rachsüchtige Joukahainen auf und trifft ihn mit einem Pfeil. Wäinämöinen fällt verletzt ins Meer, kann sich aber retten und erreicht schließlich das Nordland. Dort angekommen, macht er sich Hoffnungen auf die schöne Tochter der bösen Hexe Louhi. Die Mutter aber läßt sich eine schier unüberwindliche Bedingung einfallen: Nur der Mann soll die Tochter haben, dem es gelingt, den *Sampo* zu bauen, eine Wundermühle, aus der pausenlos Gold, Salz und Mehl kommen. Diese Aufgabe ist zu schwierig für Wäinämöinen. Aber sein Stammesbruder Ilmarinen schafft es, den Sampo zu schmieden. Louhi allerdings hält ihr Versprechen nicht, die Tochter bleibt vorerst unverheiratet. Also muß auch Lemminkäinen, der dritte Held von Kalewala, nach Pohjola reisen. Für ihn ersinnt die Hexe Louhi einen besonders heiklen Test: Unter anderem soll er den Schwan des Totenreiches *Tuonela* erlegen. Lemminkäinen steigt in die Unterwelt hinab und versucht sein Glück. Der Wächter des Totenreiches aber tötet ihn, zerstückelt seine Leiche und wirft sie in den dunklen Fluß der Unterwelt. Lemminkäinens Tod ist allerdings nicht endgültig; seine Mutter birgt die Leichenteile, flickt sie zusammen und erweckt den Sohn zu neuem Leben.

Der betrogene Schmied Ilmarinen gibt die Hoffnung noch nicht auf. Er fährt ein zweites Mal nach Pohjola und diesmal erreicht er sein Ziel. Nach Bewältigung erneuter, haarsträubend wagemutiger Aufgaben bekommt er endlich die schöne Tochter. In Pohjola feiert man eine rauschende Hochzeit. Ilmarinen führt seine Braut nach Hause, aber das eheliche Glück ist nur von kurzer Dauer. Die Braut behandelt den Knecht *Kullerwo* so schlecht, daß diesem schon bald der Geduldsfaden reißt und er Bären und Wölfe auf die junge Frau hetzt, die diese zerfleischen.

Ilmarinen und Wäinämöinen bleibt nichts zu tun außer nach Norden zu fahren und den Sampo zurückzuerobern. Der Plan gelingt zwar, aber auf der Heimfahrt werden sie von der Hexe Louhi verfolgt. Es entsteht ein heftiger Kampf um den Sampo, in dessen Verlauf die Wundermühle zerbricht und die Splitter im Meer versinken.

Im Gegenzug stiehlt Louhi die Sonne, den Mond und das Feuer vom Kalewa-Stamm. Zum Glück kann Ilmarinen schnell neue Gestirne schmieden, und auch das Feuer kann den Klauen der Hexe entrissen werden. Aber die Helden sind müde, die guten, alten heidnischen Zeiten gehen unabänderlich ihrem Ende entgegen. Am Ende des

Mikael Agricola (ca. 1508–57) übertrug das Neue Testament ins Finnische und schuf damit eine Grundlage für die finnische Schriftsprache.

hat diesen Tag auch zum offiziellen Beflaggungstag erklärt. Es gibt Kalevala-Schmuck, Theateraufführungen, zahllose Prachtausgaben des Werks, unter denen die von dem bekannten Maler *Akseli Gallen-Kallela* illustrierte wohl die schönste ist, ja, es gibt sogar Kalevala-Gebäck.

Die Bedeutung des Kalevala für die Entwicklung der finnischen kulturellen Identität kann kaum überbetont werden. Aus diesem Werk leiten die Finnen ihre historischen Wurzeln her. Als in der zweiten Hälfte des vergangenen Jahrhunderts das nationale Erwachen in Finnland seinen Lauf nahm, stürzten sich fast alle Künstler auf das Epos und schöpften aus dem Themenreichtum der alten Sagen und Lieder. Das Kalevala ist für die Finnen ohne Übertreibung das wichtigste Buch: Hier endlich fanden sie, was sie lange gesucht hatten – das Wissen darum, wer sie eigentlich waren.

Kalevala-Epos gebiert die Jungfrau *Marjatta* einen Sohn, Jesus, der zum König Kareliens berufen ist.

Der weise, alte Wäinämöinen nimmt Abschied von seinem Volk und sticht in See, neuen Abenteuern und neuen Liedern entgegen. Zum Trost hinterläßt er seinen Mannen die *Kantele,* eine Harfe, die er erfunden hat. Er verläßt die Seinen mit dem Versprechen, einmal noch zurückzukehren und sein Volk aus schwerster Not zu befreien.

Das Kalevala-Epos ist in mehr als fünfzig Sprachen übersetzt und auch nachgedichtet worden. Der 28. Februar ist in Finnland der Kalevala-Feiertag, der Staat

Literatur: Die sieben Brüder und der unbekannte Soldat

Den Titel des finnischen Nationalpoeten trägt *Johan Ludvig Runeberg* (1804–1877), obwohl er nicht auf finnisch, sondern auf schwedisch, der damaligen Adels- und Bildungssprache, schrieb. Seine wichtigsten Lorbeeren verdiente er sich mit den stark vaterländisch verbrämten Verserzählungen vom Fähnrich Ståhl, an deren Anfang auch das *Maamme-Laulu* steht, das Gedicht «Unser Land», der Text der heutigen Nationalhymne.

J. L. Runeberg (1804–77). Nationaldichter Finnlands.

Ebenfalls ein Markstein finnischer Literaturgeschichte ist *Aleksis Kivis* (1834–1872) «Die sieben Brüder». Es ist der erste in finnischer Sprache veröffentlichte Roman, die Geschichte von sieben Brüdern, die unter unsäglichen Mühen Lesen und Schreiben lernen und am Schluß der Geschichte heiraten. Das Buch beschreibt gewissermaßen exemplarisch den Weg der Finnen aus den urtümlichen Wäldern zum Licht der Bildung. Die Story hat einen historischen Hintergrund, denn bis vor noch nicht allzu langer Zeit durfte in Finnland nur heiraten, wer die Fähigkeit zu lesen und zu schreiben nachweisen konnte – ein schlauer Weg, das Volk zu alphabetisieren. Inzwischen ist die Alphabetisierung abgeschlossen, und man braucht kein Schulzeugnis mehr vorzulegen, um vor dem Altar zugelassen zu werden. Aleksis Kivi starb einen pittoresken Dichtertod, jung, völlig verarmt und geistig umnachtet in einer Kate in der Nähe von Helsinki, die noch heute von Touristen gern besucht wird. Uneinig sind sich die Historiker allerdings darüber, ob er sein Künstlerleben im Bett des Hinterzimmers, in der Sauna oder im Schweinestall ausgehaucht hat.

Finnlands Literaturszene hat zwar auch einen leibhaftigen Nobelpreisträger aufzuweisen, nämlich *Frans Eemil Sillanpää* (1888–1964), aber dieser Autor ist im Ausland so gut wie unbekannt. Ganz anders steht es dagegen mit *Mika Waltari* (1908–1982). Er ist außerhalb Finnlands einer der meistgelesenen finnischen Autoren. Besonders sein historischer Roman «Sinuhe der Ägypter» hat ihm Weltruhm eingebracht, vor allem durch eine monumentale Hollywoodverfilmung. Waltari ist darüber hinaus auch eine Art finnischer Georges Simenon; er hat als erster in Finnland ernstzunehmende, im städtischen Milieu angesiedelte Kriminalromane von künstlerischem Wert geschrieben, sein Kommissar heißt *Palmu* und ist jedem Finnen nicht zuletzt durch zahlreiche Verfilmungen ein Begriff.

Eng verbunden mit Finnland ist auch Bertolt Brechts bekanntes Theaterstück «Herr Puntila und sein Knecht Matti», das in Literatenkreisen oft Anlaß für Dispute gibt. Brecht verbrachte 1940/41 einen Teil seiner Exilzeit in Finnland, auf *Märlebäck,* dem Gutshof der finnischen Reichstagsabgeordneten und Schriftstellerin *Hella Vuolijoki* (1886–1954). Als Grundlage für den «Puntila» diente «Die Sägemehlprinzessin», eine Salonkomödie von Frau Vuolijoki, und Brechts Stück entstand in enger Zusammenarbeit mit Hella. Als der überarbeitete Text dann erschien, tauchte ihr Name darin nicht auf, Herr Brecht beanspruchte die Lorbeeren für sich allein.

Zu den wichtigsten Lyrikern Finnlands gehört *Eino Leino* (1878–1926), der außer tiefschürfenden Gedichten und literarischen Essays auch zünftige Sauf- und Liebeslieder verfaßte. Vor allem die Sauflieder stießen auf sehr ambivalente Resonanz, denn Leino schrieb sie auch in den Jahren der Prohibition und war damit natürlich manchen ein Dorn im Auge. Die Sage will es, daß er vom Herrn für seinen ausschweifenden Lebensstil mit den Plagen der Syphilis und einem frühen Ableben bestraft wurde.

Der meistverkaufte, meistgelesene und zweifellos bedeutendste finnische Nachkriegsroman ist der «Unbekannte Soldat» von *Väinö Linna.* Mit einer Auflage von mehr als einer Million Exemplaren ist das Buch in Finnland ein absoluter Megaseller. Der «Unbekannte Soldat» ist eine realistisch geschriebene, schonungslose Kriegsgeschichte, die mit Soldatenromantik und Kriegerstolz gehörig aufräumt und die Ereignisse an der Front ungeschönt erzählt. Linna war der erste in Finnland, der es wagte, den Krieg so darzustellen, wie er wirklich ist: als einen absurden Irrsinn, bei dem es nur Verlierer gibt.

Manchen deutschsprachigen Lesern und vor allem Leserinnen wird auch der Name *Märta Tikkanen* (geb. 1937) ein Begriff sein. Sie veröffentlichte vor einigen Jahren das Buch «Wie vergewaltige ich einen Mann», das auch in Deutschland zum Bestseller der Frauenliteraturszene wurde und in jedes feministische Regal gehört.

Sicherlich der fleißigste finnische Schriftsteller ist *Kalle Päätalo.* Er hat gleich dutzendweise Romane veröffentlicht, die alle in einem kleinen finnischen Marktflecken spielen und dessen Geschichte erzählen. Päätalo schreibt im Sekundenstil, seine Texte strotzen vor winzigen Details, und hundert Seiten sind im Nu vorbei, ohne daß viel geschehen wäre. Mit großer Wahrscheinlichkeit wird den Autor der Tod ereilen, bevor er mit seinen Dorferzählungen auch nur in die Nähe der Gegenwart gelangt.

Mit Abstand die bekannteste finnische Autorin ist *Tove Jansson,* die auf den Åland-Inseln lebt und ihre Bücher in schwedischer Sprache verfaßt. Von ihr stammen die *Mumin*-Geschichten, die Kindern in der ganzen Welt liebevolle Begleiter sind und inzwischen sogar in einer japanisch-finnischen Koproduktion als Zeichentrickserie über die Bildschirme vieler Länder flimmern.

Musik: Im Schatten des Meisters

Ein Herr namens *Fredrik Pacius* hat die Musik zur finnischen Nationalhymne komponiert und sich nicht zuletzt dadurch den Titel «Vater der finnischen Musik» verdient. Dieser Titel ist insofern etwas amüsant, als Pacius (1809–1891) nicht Finnisch, sondern Schwedisch sprach und obendrein Deutscher war. Er komponierte 1852 auch die erste in Finnland entstandene Oper, «König Karls Jagd». Unter Konkurrenz hatte Pacius kaum zu leiden, denn er war allein auf weiter Flur und so gut wie der einzige bedeutende finnische Komponist, bevor die Finnen ihre eigene Kultur entdeckten.

Der weltberühmteste Finne: Jean Sibelius (1865–1957) im Jahre 1904, gemalt von A. Edelfelt.

Dann aber, als Lönnrots Kalevala erschienen war und dem Volk gezeigt hatte, wo seine Wurzeln lagen, trat der Großmeister der ernsten finnischen Musik auf den Plan, das Superego der finnischen Tonsetzerkunst, der Mann, dessen Name noch heute auf der ganzen Welt praktisch der einzige ist, der einem zu finnischer Musik einfällt: *Jean Sibelius.* Die damalige Suche nach den Wurzeln, Karelianismus genannt, beherrschte auch die Gedankenwelt des jungen, 1865 geborenen Jean und das Kalevala blieb bis zu seinem Tod 1957 seine wichtigste Themen- und Inspirationsquelle. Viele seiner sinfonischen Dichtungen tragen Titel wie «Pohjolas» und «Lemminkäinens Rückkehr». Am bekanntesten sind sicher «Finlandia», das sinfonische Epos, das Finnland in seiner Kälte und seiner Schönheit akustisch darzustellen versuchte, und «Valse Triste», ein kleines Stückchen, in dem sich die ganze finnische Schwermut bündelt. Sibelius schrieb auch ein Violinkonzert, das für Geiger wohl ein recht harter Brocken ist, jedenfalls fiedeln alljährlich beim internationalen Sibelius-Wettbewerb junge Talente aus aller Welt in Helsinki wie besessen nacheinander eben dieses Violinkonzert herunter. Sibelius' Hauptwerk sind seine sieben Sinfonien – er machte weltweit Furore und seine Landsleute feierten ihn wie einen Halbgott. Den größten Teil seines Lebens verbrachte er in *Ainola,* seinem Haus am *Tuusula*-See in der Nähe von Helsinki, und ganz Finnland wartete mit Spannung auf seine achte Sinfonie, die er viele Male anfing, die Noten aber immer wieder verbrannte. Diese Periode nennt man in Finnland auch «Das Schweigen von Ainola» und Leute, die den Meister gekannt haben, spekulieren, er sei am Schluß so berühmt und anspruchsvoll gewesen, daß ihm selbst nichts mehr gut genug war. Auf jeden Fall hat Sibelius die achte Sinfonie nie beendet. Bei seinen ausländischen zeitgenössischen Kollegen steht er übrigens in etwas zweifelhaftem Ruf: Zu einer Zeit, da andere Zwölftonwerke über Lokomotiven schrieben und Fabrikhallenklänge in Opern einarbeiteten, schrieb er liebliche, brave, pathetische Sinfonien nach althergebrachtem Strickmuster. Man hat ihm unter anderem vorgeworfen, er sei «der einzige Komponist des zwanzigsten Jahrhunderts, der sich erdreistet, Musik des neunzehnten zu komponieren».

Eine Sommernacht am See Kilpisjärvi, Lappland.

Ein sich im ganzen Land unzählige Male wiederholender Anblick, hier bei Sevettijärvi.

Rentierherde im Inneren des Lemmenjoki-Nationalparkes.

Am Tornionjoki (Joki = Fluß) in Südwest-Lappland.

Eisgeschiebe am Vaskojoki, Lappland.

Finnische Komponisten, die nach Sibelius ernste Musik schrieben, hatten und haben es schwer, denn der Meister wirft immer noch so einen großen Schatten, daß es schier unmöglich ist, aus diesem herauszukommen. Fast keiner hat es geschafft, seinen Namen außerhalb der Landesgrenzen ins öffentliche Bewußtsein zu bringen. Dabei gibt es sehr wohl anspruchsvolle finnische E-Musik nach Sibelius. Genannt seien die Komponisten *Aulis Sallinen* (geb. 1935), dessen Oper «Der rote Strich» beinahe den Sprung zum Weltruhm geschafft hätte, *Joonas Kokkonen,* der als Avantgardist begann und heute eine Musik schreibt, die man als traditionell modern bezeichnen könnte, und *Yrjö Kilpinen,* der wunderschöne Lieder nach alten finnischen Texten geschrieben hat.

Für die Freunde der klassischen oder «ernsten» Musik gibt es in Finnland viele Festivals und Konzerte. Wer eine geballte Ladung davon haben möchte, ist gut beraten, im Sommer in die mittelfinnische Stadt *Savonlinna* zu fahren. Dort findet alljährlich in der Wasserburg *Olavinlinna* ein großes Opernfestival mit internationalen und finnischen Stars statt. Wer kleinere Besetzungen schätzt und auf optische Spektakel verzichten kann, der sollte zu den Kammermusiktagen nach *Kuhmo* reisen.

Übrigens: Aus irgendwelchen Gründen kommen aus Finnland überdurchschnittlich viele gute Baritone, wie etwa der jüngst verstorbene *Martti Talvela*, und gute Kapellmeister wie *Esa-Pekka Salonen* – vielleicht ist es das Klima, wer weiß. Und diese Baritone und Dirigenten machen es meist ähnlich wie die Eishockeyspieler: Sie verlassen das Land, weil sich anderswo, in der großen, weiten Welt, mehr Ruhm und Ehre erheischen und vor allem mehr Geld verdienen läßt. Die finnischen Musikergrößen lassen sich dann gern für hohe Gagen zu einem Gastspiel in ihr Heimatland zurückimportieren.

Aino Ackté, Finnlands berühmteste Opernsängerin, gründete die heute noch bestehenden Opernfestspiele von Savonlinna.

Die Kantele, die der weise Wäinämöinen den Finnen hinterlassen hat, ist das wichtigste Instrument in der finnischen Volksmusik. Sie ist flügelförmig und erinnert an eine Zither, beim Spielen legt man sie entweder vor sich auf den Tisch oder auf den Schoß. Gezupft wird mit den Händen. Ursprünglich hatte das Instrument fünf Saiten, heute aber gibt es Kantelen mit bis zu dreißig Saiten, sogar elektrische Versionen sind im Gebrauch. Wer die

Kantele hören will, dem sei empfohlen, das alljährlich im Sommer stattfindende Volksmusikfestival in *Kaustinen* zu besuchen.

Carl Gustav Wasenius (1821–99). Kapellmeister, Komponist, Musikpädagoge.

Zur Kantele und zur Volksmusik gehört auch der *kansallispuku*, die regional verschiedenen Nationaltrachten und natürlich der Volkstanz in all seinen Variationen. In letzter Zeit steigen Volksmusik und -tanz wieder im Ansehen, ein Beispiel hierfür ist «*Värttinä*», eine Gruppe, die traditionelle Lieder meist karelischer Mundart singt und große Erfolge feiert.

Wer an einem Freitag- oder Samstagabend im *suvi*, im finnischen Mittsommer, spazierengeht, hört mit großer Wahrscheinlichkeit schon bald irgendwo aus dem Wald Tanzmusik, Tangoklänge oder *humppa*, eine finnische Spielart der Polka. Wer den Tönen folgt, findet eine *tanssilava*, eine Tanzbühne, meist ein grob gezimmertes Holzgestell, auf dem ein kleines Orchester (zu dem immer ein *Haitari*, eine finnische Quetschkommode, gehört) aufspielt. Paare jeden Alters drehen sich in der Nacht ohne Dunkelheit bis in die frühen Morgenstunden, und es sticht sofort ins Auge, daß sich hier alle sozialen Gruppen mischen. Junge Leute in Jeans mit Nieten und Lederjacken, Frauen in Volkstracht, ein Herr im Anzug, ein blonder Vamp und eine dickliche Dame mit zentimeterdicken Brillengläsern – alle findet man hier fröhlich vereint, und in den Plastikbechern schäumt das finnische Bier. Finnischer Tango ist auch im Ausland ein Begriff. Die besten Herzensbrecher mit dem meisten Schmelz in der Stimme werden alljährlich beim großen Tangowettbewerb ermittelt, an dem sich 1992 fast 1200 Sänger und Sängerinnen beteiligten.

Blieben noch finnischer Jazz, Rock, Schlager und Pop. Darüber gibt es, obwohl dadurch keine dieser Musikgattungen herabgewürdigt werden soll, nicht eben viel zu sagen, denn diese Musik klingt in Finnland genauso wie

überall sonst. Erstaunlich ist bei einem so kleinen Volk immerhin, wieviele Titel in finnischer Sprache produziert werden. Einer davon, der Song «Yamma-Yamma» von *Pave Maijanen*, hatte die Ehre, Finnland beim Grand Prix d'Eurovision 1992 zu vertreten. Er landete auf dem letzten Platz; allerdings hatte auch niemand in Finnland auf den ersten Platz gewettet.

Bildende Kunst: Stalinorgel und Wodkaflasche

Die ältesten erhaltenen Beispiele finnischer bildender Kunst sind frühgotische Kirchenmalereien auf Åland, entstanden etwa um 1280. Mehrere Jahrhunderte lang waren klerikale, eng in der Volkskunst verhaftete Werke wie etwa Altarbilder, Schnitzereien und Votivtafeln praktisch die einzigen Zeugnisse der bildenden Kunst. Die Künstler

Es gibt in Finnland zwei vom gleichen – wohl lübeckischen – Meister gotisch ausgemalte Kirchen: Hattula und Lohja. Hier ein Freskoteil aus der Kirche von Lohja.

Rentiere, gezeichnet von einem saamischen Künstler im 19. Jh.

jener Zeit blieben fast alle namentlich unbekannt, viele von ihnen zogen über den Bottnischen Meerbusen ins Nachbarland, weil die Absatzchancen dort größer und die Arbeitsbedingungen besser waren.

Erst in den Jahren nach der Abnabelung von Schweden Anfang des 19. Jahrhunderts bildete sich so etwas wie eine finnische bildende Kunst heraus. Entscheidend war vor allem die Gründung des finnischen Kunstvereins im Jahre 1846. In der darauffolgenden Biedermeierzeit waren es vor allem die drei Brüder *Ferdinand, Magnus* und *Wilhelm von Wright*, die den Geschmack des bürgerlichen Publikums trafen und meist mit Naturmotiven zu Ruhm gelangten. Zur selben Zeit wirkten auch *Helene Schjerfbeck*, die sich im Laufe ihres Schaffens zusehends vom

Fagervik im Jahre 1737 (Gemälde von Magnus von Wright).

Realismus zum Expressionismus umorientierte, *Akseli Gallen-Kallela*, der, wie schon erwähnt, als Illustrator des Kalevala in die finnische Kunstgeschichte einging, und *Eero Järnefelt*, der sich auf Portraits zahlungskräftiger Zeitgenossen spezialisiert hatte. Die achtziger und neunziger Jahre des vergangenen Jahrhunderts bezeichnet man heute oft als «Goldene Zeit» der finnischen Malerei. Wer konnte, reiste nach Paris, um dort bei prominenten Lehrern zu studieren, beispielsweise *Pekka Halonen*, der bei Paul Gauguin lernte, hauptsächlich Landschaftsbilder und Portraits malte und der Vorreiter der Kunst- und Gebrauchsgrafik in Finnland war.

Die genannten Künstler sind auch heute noch weitgehend für das künstlerische Selbstverständnis Finnlands zuständig. Es gibt natürlich auch viele lebende bildende Künstler, aber es gehört wohl zur Tragik der Branche, daß man erst ihren Tod abwarten muß, um zu wissen, ob sie unsterblich sind. Wenn man den Wert von Kunst in harter Währung mißt, sind die eben Erwähnten für den größten Teil des Umsatzes auf dem Kunstmarkt verantwortlich. Ihre Werke werden international zu phantastischen Preisen gehandelt.

Von finnischer Bildhauerkunst hört man im allgemeinen nichts, und das ist auch kein Wunder, denn außer den Statuen sämtlicher Präsidenten gibt es im Bereich Skulptur nicht viel zu sehen. Wer schon einmal in Helsinki war und eine Stadtrundfahrt gemacht hat, ist mit absoluter Sicherheit zum Sibelius-Denkmal von *Eila Hiltunen* geführt worden. Dieses Anfang der sechziger Jahre enthüllte Denkmal soll eine Hommage auf den Komponisten darstellen, erregt aber oft Befremden und Unverständnis, denn die zusammengeschweißten Metallröhren sehen eher martialisch als musikalisch aus und erinnern stark an eine Stalinorgel.

Der Maler Magnus Hjalmar Munsterhjelm (1840–1905).

Weit bekannter als Malerei und Bildhauerei ist das «Finnish Design». Dieser Begriff trat in den fünfziger Jahren auf den Kunsthandwerksmessen in Mailand eine Art Siegeszug an. In Erinnerung geblieben sind einigen vielleicht *Tapio Wirkkala*, der sich durch Glasobjekte einen Namen gemacht hat und unter anderem die einst erfolgreiche (und inzwischen völlig veraltete) Flasche für Finlandia-Wodka entwarf, *Birger Kaipiainen*, der Gebrauchskeramik herstellte, oder *Marimekko,* die Textilkette, deren Modelle einst Weltruhm erlangten, und die vor kurzem mit knapper Not vor dem allfälligen Konkurs gerettet werden konnte.

Finnisches Design ist zwar immer noch bekannt, aber die Blütezeit ist definitiv vorbei. Es fehlt an Nachwuchs, und der Geschmack der Design-Kunden hat sich neuen, aufregenderen Formen und Farben zugewandt.

Im Filmrausch

Der Pionier und Schöpfer des finnischen Films war der Ingenieur *Karl Emil Ståhlberg*. 1907 entstand unter seiner Leitung der erste finnische Spielfilm mit dem bezeichnenden Namen «Die Schwarzbrenner», *Salaviinanpolttajat,* 1913 dann der erste abendfüllende Streifen.

Während man in den zwanziger Jahren vor allem Klassiker der einheimischen Literatur verfilmte, drehte man später in den dreißiger und vierziger Jahren hauptsächlich Schnulzen voller Flößerromantik und Liebesschmerz oder moralinsaure Tragödien aus dem bäuerlichen Milieu.

Die fünfziger Jahre brachten dem finnischen Film eine Krise: Chronischer Geldmangel und, noch schlimmer, ein

Nachwuchsloch gefährdeten die Entwicklung. Nur durch massive staatliche Finanzhilfe konnte die Zelluloidkunst über die mageren Jahre hinweg gerettet werden.

Ende der sechziger Jahre gelangte *Mikko Niskanens* «Tannenzapfen unter dem Rücken», ein Film über die damals wie heute recht trostlose Lage der finnischen Jugend, auch in bundesdeutsche Kinos und zog eine beachtliche Zahl von Zuschauern an. Im Zuge der einsetzenden allgemeinen Politisierung des finnischen Kulturlebens entstanden viele sozialkritische Filme, die in Finnland zu Klassikern wurden, anderswo aber kaum gezeigt worden sind. *Rauni Mollbergs* «Das Land ist ein sündiges Lied», *Risto Jarvas* «Benzin in den Adern», ein Streifen aus dem Rallyefahrermilieu, und *Erkko Kivikoskis* «Schüsse in der Fabrik» sind aus der hiesigen Filmgeschichte nicht wegzudenken. Auch *Pekka Parikkas* «Winterkrieg», ein millionenteures Spektakel mit beeindruckender Pyrotechnik, in Hollywood-Manier in den finnischen Wäldern gedreht, hat sich, obwohl erst wenige Jahre alt, schon einen Platz am finnischen Filmfirmament gesichert.

Auffallend ist, daß Filme in Finnland seltener ein Happy-End haben als in anderen Ländern. Die Kulturhistoriker haben für den Trend zum Unglücklichen, der nicht nur in der Filmkunst, sondern auch in der bildenden Kunst und der Literatur lange vorherrschte und erst jetzt langsam aber sicher einer gewissen Lebensfreude Platz macht, sogar einen Terminus kreiert: *Inhorealismi,* der «Ekel-Realismus».

Natürlich hat jede Nation auch ihre offiziellen Blödelspezialisten. Die beliebtesten Trottel in Finnland sind *Vesa-Matti Loiri* und *Spede Pasanen*, die die wichtigsten Rollen in den «*Uuno Turhapuro*»-Filmen spielen. Diese Klamauk-Epen sind zwar von fragwürdigem künstlerischem Wert, dafür aber absolute Kassenmagneten, die sämtliche finnischen Zuschauerrekorde gebrochen haben.

Auf internationalen Foren ist der finnische Film derzeit ein Synonym für die Brüder *Aki* und *Mika Kaurismäki.* Abgesehen von diesen beiden ist so gut wie keiner der finnischen Filmschaffenden außerhalb der Landesgrenzen bekannt. Die Kaurismäkis sind dies aber um so mehr, besonders der jüngere Bruder Aki. Vor allem das deutsche Publikum hat er in den vergangenen Jahren im Sturm erobert. Seine Spezialität ist der extrem wortkarge Humor, sein Markenzeichen sind Dialoge, die nur aus einer Handvoll Wörter bestehen und sich über viele Minuten hinziehen können. Das klingt langweilig, ist es aber ganz und gar nicht. Unvergeßlich ist etwa eine Szene aus «Leningrad Cowboys go America», der Geschichte einer finnischen Hinterwäldler-Musiktruppe, die von einem ebenso ehrgeizigen wie unfähigen Manager durch die USA geschleppt wird. Als eines Abends das Heimweh die finnischen Rock'n'Roller überfällt, zieht jeder ein Foto aus der Brieftasche und zerquetscht eine Träne im Augenwinkel. Natürlich ist auf den Fotos jeweils ein holdes Mädchengesicht zu sehen. Nur einer der Musiker hat Sehnsucht nach etwas ganz anderem: Sein Foto zeigt den zerbeulten Traktor des elterlichen Bauernhofs.

Akis Film «Das Mädchen aus der Streichholzfabrik» wurde 1990 von einer deutschen Filmzeitschrift zum besten ausländischen Film des Jahres gewählt, die «Leningrad Cowboys» waren in den Kategorien «bester Musikfilm» und «beste Komödie» unter den ersten Rängen zu finden.

Der ältere Bruder Mika seinerseits hat mit multinationalen Actionfilmen auf sich aufmerksam gemacht. Der in Berlin gedrehte Film «Helsinki – Napoli all Night Long» und der im brasilianischen Regenwald entstandene «Amazon» sind zwar keine finnischen Filme, aber Mika zeigt eine sichere Hand als Regisseur. Als Drehbuchautor allerdings ist er seinem kleinen Bruder deutlich unterlegen.

Das Erfolgsgeheimnis der Kaurismäki-Filme, besonders der des «Kleinen», liegt wohl darin, daß sich fast alle Finnen in ihnen wiederfinden. Aki verschmilzt auf geschickte Weise die urbane Rockkultur mit der vergangenen Zeit des finnischen Tangos und der guten, alten Eckkneipe aus den fünfziger Jahren.

Aki, der hier in Finnland erst so richtig ernstgenommen wurde, als er im Ausland Erfolg zu haben begann (übrigens ein Schicksal, das sehr vielen finnischen Künstlern widerfährt), kultiviert gern das Image des rauhbeinigen Enfant terrible. In Interviews kokettiert er mit gespielter Primitivität und Bodenständigkeit und verweist auf seinen exzessiven Alkoholkonsum. So antwortete er bei der Berlinale auf die Frage eines Journalisten, warum er seine Filme denn immer im Eiltempo abdrehe: «Damit ich schneller wieder am Tresen stehen kann.»

Übrigens: Das deutschsprachige Kino- und Fernsehpublikum ist bekanntlich gewohnt, alle Filme in lippensynchronisierter deutscher Version zu sehen – so etwas gibt es in Finnland nicht, und es dauert nicht lange, bis man merkt, wie gräßlich die Filme durch das Synchronisieren verschandelt werden. In Finnland verwendet man ausschließlich Untertitel, und der Sehgenuß ist um ein mehrfaches größer, wenn zum Beispiel die Samurais in einem japanischen Film wirklich Japanisch sprechen.

Zwei jährlich stattfindende Ereignisse locken Cineasten aus ganz Finnland, aber auch aus dem Ausland hierher: Das *Midnight-Sun-Film-Festival,* das jeden Sommer in Sodankylä in Lappland abgehalten wird, und das internationale Kurzfilmfestival in Tampere, das jeweils in der ersten Märzwoche über die Bühne geht. Vor allem das Sodankylä-Festival ist mehr als nur ein Filmfestspiel. Sodankylä liegt nämlich nördlich des Polarkreises, und im Juni geht dort die Sonne nicht unter. Zum Flair dieses Festivals gehört es, daß abertausende Besucher die kleine Stadt bevölkern; man schläft in Turnhallen, im Feuerwehrhaus, in den Klassenzimmern der Schulen – aber meist schläft man gar nicht, sondern zecht drei Tage lang heftig und sieht sich Filme an, die nonstop gezeigt werden. Typisch für das Midnight-Sun-Film-Festival ist es, wenn ein erschöpft aussehender, nach Alkohol riechender Filmfan vor dem Kino in der Sonne steht und fragt: «Entschuldigung, ist jetzt Nacht oder Tag?»

Architektur: Bauhaus mit Charme

Eine Baukunst, die das Prädikat «echt finnisch» verdient, gibt es eigentlich erst seit Anfang des zwanzigsten Jahrhunderts. Vorher kamen architektonische Impulse fast ausschließlich aus dem Ausland. So wurden etwa die rotbemalten Holzhäuser, die man überall in Finnland findet,

Morgenlicht und Wolkenaufzug über dem herbstlichen Nordlappland bei Supru. Um diese Jahreszeit (September) kann dies Winterbeginn und Schnee bedeuten.

Die tausend Inseln des Inarisees im Licht der aufgehenden Sonne.

Ein Findling im fernen Nordwestzipfel des Landes. Im Hintergrund rechts der Saana, der Heilige Berg der Lappen.

Blick vom Berg Saana, der dritthöchsten Erhebung im Land (1029 Meter).

Kilpisjärvi mit Blick nach Schwedisch-Lappland.

die Gutshöfe, Wohn- und Wirtschaftsgebäude, die so typisch finnisch anmuten, aus Schweden übernommen. Auch die vielen noch vorhandenen Stein- und Holzkirchen sind nach schwedischem Muster gebaut, von dort war ja auch das Christentum nach Finnland gelangt. Finnische Architekten vergangener Zeiten waren wahre Meister im Umgang mit Holz, dem naheliegendsten und billigsten Baumaterial. Leider sind zahlreiche architektonische Schätze verlorengegangen, da es häufig in finnischen Städten Brände gab und sehr viele der alten Holzviertel vollständig in Flammen aufgingen. Erhalten sind unter anderem noch die alten Stadtkerne in *Porvoo,* etwa fünfzig Kilometer östlich von Helsinki, in *Oulu* am Bottnischen Meerbusen und in *Rauma* an der südfinnischen Küste.

Das neoklassizistische Stadtzentrum von Helsinki um den Senatsplatz trägt die Handschrift von *Carl Ludvig Engel,* einem deutschen Architekten, der im 19. Jahrhundert in Finnland wirkte.

Erst die Pariser Weltausstellung 1900 machte der Öffentlichkeit bewußt, daß es so etwas wie einen finnischen Baustil gab. Die Architekten *Herman Gesellius, Armas Lindgren* und *Eliel Saarinen*, die den finnischen Ausstellungspavillon planten, waren die bedeutendsten Vertreter der sogenannten *Kansallisromantiikka,* der Nationalromantik, einer finnischen Spielart des Jugendstils. Typisch dafür ist die Verwendung von grauen Granitblöcken für die Fassade und die konsequente künstlerische Durchgestaltung auch des Inneren der Gebäude. Die meisten Bauten aus dieser Periode sehen sehr massiv aus und erinnern an Trutzburgen. Beispiele dafür sind das ebenfalls von der eben erwähnten Troika entworfene Nationalmuseum in Helsinki und das Nationaltheater schräg gegenüber des Hauptbahnhofs in Helsinki. Dieser Hauptbahnhof ist ein Entwurf von Saarinen, der in den zwanziger Jahren Finnland den Rücken kehrte und in die USA auswanderte. Ebenfalls in Helsinki befindet sich die in den Granit hineingebaute, vielfotografierte Felsenkirche der Architektenbrüder *Timo* und *Tuomo Suomalainen*. Interessantes Detail dieser Kirche: Die Decke im Inneren ist ein zu einer Spirale aufgerollter, kilometerlanger Kupferdraht.

Ohne Zweifel der bedeutendste finnische Architekt aber war *Alvar Aalto*. Zwar starb er 1976, aber die meisten Finnen haben noch täglich mit ihm zu tun, denn das Profil seines Charakterkopfes ziert den vor einigen Jahren herausgegebenen neuen finnischen Fünfzigmarkschein.

Aaltos erste Entwürfe und Bauten zeigen noch deutliche Spuren des Klassizismus, aber von der allgemeinen Aufbruchstimmung der Architektur in den frühen zwanziger Jahren erfaßt, wandte er sich schon bald Neuem zu und beschäftigte sich leidenschaftlich mit dem Funktionalismus. Er unterhielt enge Kontakte mit den Architekten des Dessauer Bauhauses, und persönliche Freundschaften verbanden ihn mit führenden Köpfen in Architektur und Malerei der damaligen Zeit, etwa mit Walter Gropius und László Moholy-Nagy, Georges Braque und Fernand Léger. Aaltos Hauptwerke aus seiner funktionalistischen Phase sind das Tuberkulosesanatorium von *Paimio* und die Stadtbibliothek in *Viipuri,* das heute zu Rußland gehört. Das Sanatorium in Paimio verhalf Aalto zu internationaler Geltung; er plante den Gebäudekomplex bis ins Detail, unter anderem entwarf er für die Patientenzimmer ein geräuscharmes Waschbecken und konstruierte eine Heizung, die speziell auf die Bedürfnisse bettlägeriger Tuberkulosepatienten zugeschnitten war.

Die Funktionalisten der zwanziger Jahre waren extrem fortschrittsgläubig. Zwar war auch Aalto fasziniert von der rasenden technologischen Entwicklung und den neuen Möglichkeiten der industriellen Produktion, aber anders als für manche seiner mitteleuropäischen Kollegen blieb für ihn immer der Mensch im Mittelpunkt seines Denkens und Bauens. Er kritisierte die orthodoxen Funktionalisten als inhuman, und er konnte und wollte Häuser nicht nur als zweckorientierte Maschinen betrachten: «Technik und Wirtschaft müssen einen Charme haben, der das Leben bereichert», schrieb er in einem Artikel und spricht von der «Kunst des Spiels».

Aalto versuchte, seinen Werken eben diesen Charme zu geben. Typisch für sein späteres Schaffen ist die Technik der metaphorischen Collage. Das Verbinden und Nebeneinanderstellen scheinbar gegensätzlicher Motive ist gewissermaßen sein Markenzeichen. Im finnischen Pavillon für die Pariser Weltausstellung (1936/37) war diese Collagentechnik in Ansätzen schon recht deutlich zu sehen. Die *Villa Mairea*, die Aalto für ein befreundetes Ehepaar in *Noormarkka* entwarf, kann man als sein Collagen-Meisterstück bezeichnen. Er spielt mit Symbolen und Assoziationen und verwendet recht extravagante Kombinationen: die Reling eines Ozeandampfers als Terrassengeländer, in unmittelbarer Nähe aber auch ein traditioneller finnischer Holzzaun; kühle Glas- und Betonflächen des Funktionalismus verbunden mit volkstümlichen finnischen Motiven neben Anklängen an japanische Wohnkultur. Die Krönung des Ganzen ist ein Schwimmbecken, dessen Form an die Gitarrenmotive der kubistischen Malerei erinnert. Aalto verbindet Romantik und Rationalismus, Modernismus und Bodenständigkeit, freie Form und strenge Geometrie.

Sein bekanntestes Bauwerk in Finnland ist ohne Zweifel die Finlandia-Halle, die im Stadtzentrum von Helsinki zwischen Hauptbahnhof und Reichstagsgebäude steht. Hier unterzeichneten 1975 die Vertreter von 35 Staaten die KSZE-Schlußakte. Auch in Deutschland stehen einige von Aalto entworfene Gebäude: ein Mietshaus im Berliner Hansaviertel, das Wohnhochhaus Neue Vahr in Bremen, eine Kirche und ein Gemeindezentrum in Wolfsburg und nicht zuletzt das Opernhaus in Essen, das nach Aaltos Entwürfen erst nach seinem Tod gebaut und 1988 eröffnet wurde.

Sprachen – Neinsagen für Fortgeschrittene

«Sytytetäänkö koko kokko?»	«Sollen wir das ganze Feuer anzünden?»
«Koko kokkoko?»	«Das ganze Feuer?»
«Kyllä, koko kokko.»	«Ja, das ganze Feuer.»

(Finnischer Spruch zur Veranschaulichung des Klangs der Sprache)

Über die finnische Sprache weiß man im allgemeinen nur, daß sie mit der ungarischen verwandt ist. Das stimmt zwar, aber trotzdem können Ungarn und Finnen einander ohne Fremdsprachenkenntnisse absolut nicht verstehen. Ungarisch und Finnisch haben gemeinsame Vorfahren und gehören, sozusagen als die großen Geschwister, zur Gruppe der finnougrischen Sprachen. Die kleineren Geschwister tragen teilweise recht exotische Namen, und wer zu diesen Sprachen die Sprecher lokalisieren will, braucht genaue Landkarten von Osteuropa und Sibirien. Zur Familie der finnougrischen Sprachen gehören auch so wohlklingende Verwandte wie Karelisch, Lappisch, Estnisch, Livisch, Wepsisch, Wotisch, Mordwinisch, Tscheremissisch, Syrjänisch, Wotjakisch, Ostjakisch und Wogulisch. Insgesamt zählen weltweit nur etwa 23 Millionen Menschen zur finnougrischen Sprachfamilie.

Von diesen finnougrischen Sprachen sind nur noch wenige ähnlich genug, daß Finnen beim Zuhören dem Sinn auch nur entfernt folgen können. Die engsten Kontakte zu anderen Angehörigen derselben Sprachfamilie haben die Finnen mit den Esten, die ja nur einen Katzensprung entfernt auf der Südseite des Finnischen Meerbusens leben. Die meisten Esten sprechen ein bißchen Finnisch, denn das finnische Fernsehen war für sie viele Jahre lang der einzige Zugang zur westlichen Welt. Estnisch klingt fast so wie Finnisch, aber Vorsicht ist geboten, es gibt viel «falsche Freunde». Das finnische Wort *kohtu,* «Gebärmutter» zum Beispiel bedeutet auf estnisch «Gericht», *sulhanen* ist für die Finnen der «Bräutigam», für die Esten der «Knecht», *pulma,* auf finnisch «Krise, Problem», heißt für den Esten «Hochzeit».

Eine Art Urfinnisch wurde zwar schon zwischen 2000 und 1000 v. Chr. gesprochen, aber zur Schriftsprache wurde das Finnische erst durch den Reformator *Mikael Agricola:* ein Schüler Martin Luthers, der das Neue Testament ins Finnische übersetzte. Zu diesem Zweck mußte er allerdings erst einmal Ordnung in die Sprache bringen: 1542 verfaßte er ein finnisches ABC-Buch, erst sechs Jahre später erschien seine Übersetzung des Neuen Testaments.

Vorerst aber blieb Schwedisch die Sprache des Rechtswesens, des Unterrichts, der Kultur und der Verwaltung. Erst 1863, als Finnland unter russischer Herrschaft stand, wurde ein Sprachengesetz erlassen, das die finnische Sprache der schwedischen gleichberechtigt machte. Heute haben etwa 300000 Finnen Schwedisch als Muttersprache, und diese Sprachminderheit genießt ausgedehnten Schutz. Die schwedischsprachigen Finnen sind im allgemeinen Abkömmlinge des *bättre folk,* des besseren Volkes, der ehemaligen schwedischsprachigen Oberschicht. Die Sprachbarriere, die diese schwedischsprachigen Finnen vom Rest der Welt trennt, ist nicht ganz so hoch wie bei den finnischsprachigen, wer Schwedisch als Muttersprache hat, findet leichter Zugang zu ausländischer Literatur und auch das Erlernen von Englisch oder Deutsch fällt wesentlich leichter.

Oft trifft man noch auf starke Ressentiments der finnischsprachigen Bevölkerung gegenüber diesen ehemaligen Herren. *Hurri* ist das einschlägige Schimpfwort für einen schwedischsprechenden Finnen. Schwedisch ist in allen finnischen Schulen Pflichtfach und immer noch Finnlands zweite offizielle Landessprache. Wenn in einer Gemeinde mindestens acht Prozent oder 3000 Einwohner schwedisch sprechen, ist diese Gemeinde zweisprachig. Das hat zur Folge, daß beispielsweise alle Straßenschilder zweisprachig sein müssen. In letzter Zeit hat auch das Saamische, die Sprache der Ureinwohner Lapplands, eine bescheidene Renaissance erfahren und wird wieder an den Schulen im Norden unterrichtet.

Außer den finnisch- und schwedischsprachigen Finnen und den Saamen gibt es in Finnland noch eine vierte ethnische und sprachliche Gruppe: die *mustalaiset,* die Zigeuner, neuerdings auch *romaanit* genannt, Roma. Ihr sozialer Status ist nicht besser als überall sonst, wo es Roma gibt, und ihre Sprache ist im Aussterben begriffen. Fast alle Roma sind schon zu Finnisch oder Schwedisch übergegangen, und die zaghaften Wiederbelebungsversuche, die sie neuerdings für die eigene Sprache unternehmen, dürften zu spät kommen. Man schätzt die Zahl der Roma in Finnland auf etwa 5000; sie sind leicht an den spektakulären Trachten der Frauen mit weit ausladenden Röcken und pailettenbesetzten Blusen zu erkennen.

Die finnische Sprache hat für Außenstehende einige merkwürdige Charakteristika. Für «er» und «sie» gibt es im Finnischen nur das Wort *hän,* da das Finnische kein Genus kennt. Finnen können sich stundenlang über eine dritte Person unterhalten, ohne zu wissen, welchen Geschlechts diese ist. Feministisch orientierte Linguist(inn)en, die ja besonders die deutsche Sprache nach frauenfeindlichen Anachronismen durchforscht haben, bringen der finnischen Sprache deshalb meist spontan Sympathie entgegen. Wo es kein grammatikalisches Geschlecht gibt, da kann es ja wohl auch keinen Sexismus in der Sprache geben. Weit gefehlt – der Sexismus ist sogar noch offener. Wer etwa im Konzert, in der Oper oder bei anderen Veranstaltungen einen Blick auf die Armbinde oder das Brustschildchen der Platzanweiserin wirft, wird dort das Wort *järjestysmies* lesen, Ordnungsmann.

Im Finnischen gibt es zwar kein Futur, was für den Lernenden eine Erleichterung ist, dafür aber sage und schreibe 161 Verbformen und 15 Kasus. Auch die Aussprache hat ihre Tücken. Die Regel ist denkbar einfach: Sprich alles genau so aus, wie es geschrieben wird und betone jedes Wort auf der ersten Silbe. In der Praxis ist das aber manchmal mit erheblichen Verrenkungen der Gesichtsmuskulatur verbunden. Versuchen Sie mal, den klangvollen Männernamen *Yrjö Äystö* oder das Wort *Syyllisyyskysymys* (Schuldfrage) auszusprechen! Überhaupt klingen traditionelle finnische Namen für ausländische Ohren oft sehr exotisch. Frauen haben hier so poetische Vornamen wie *Tuuli* (Wind), *Pilvi* (Wolke), *Helmi* (Perle), *Orvokki* (Veilchen), *Meri* (Meer) oder *Marja* (Beere), Männer heißen etwa *Veli* (Bruder), *Onni* (Glück), *Urho* (Held), *Taisto* (Kampf), *Tarmo* (Tatkraft), *Voitto* (Sieg) oder *Sulo* (Liebreiz). Natürlich gibt es auch Vornamen, die aus dem germanisch-romanischen Sprachraum stammen, doch manchmal ist es schier unmöglich, einen prinzipiell bekannten, aber finnisierten Namen zu identifizieren. So heißt der oben erwähnte *Yrjö* auf deutsch Georg – darauf muß man erst einmal kommen.

Es ist auffallend, daß die meisten der finnischen Namen, die in der internationalen Presse oder im Fernsehen auftauchen, mit -nen enden. Das Suffix -nen ist im Prinzip eine Verkleinerungsform, *talo* ist ein Haus, *talonen* ein Häuschen. Wird das -nen aber an einen Nachnamen angehängt, erfüllt es dieselbe Funktion wie im Deutschen etwa die Endung -er oder -cher. Ein typisch finnischer Nachname besteht meist aus einem geographischen Begriff mit der Endung -nen. *Järvinen, Nieminen, Mäkinen, Laaksonen, Virtanen* – See-er, Halbinsel-cher, Hügel-er, Tal-er, Strom-er. Wo in mitteleuropäischen Nachnamen meist Berufsbezeichnungen auftauchen, sind es in Finnland, das bis vor recht kurzer Zeit noch ein reiner Wald- und Agrarstaat war, häufig Landschaftsbezeichnungen.

Historiker und Etymologen sind seit langem erfolglos auf der Suche nach einer uralischen Ursprache, aus der das Finnische entstanden sein könnte. Die finnische Sprache war im Laufe der Jahrhunderte vielen verschiedenen Einflüssen ausgesetzt, und es gibt zahlreiche Lehnwörter, die aus dem slawischen (Brot = finnisch *leipä*, russisch *chleb)*, baltischen und germanischen *(kampa* = Kamm, *saippua* = Seife) Raum ihren Weg nach Finnland gefunden haben. Und natürlich gibt es auch seit den sechziger Jahren die allgegenwärtigen Amerikanismen im Slang der jüngeren Generationen. Eine Gruppe Jugendlicher etwa ist eine *jengi* (Gang), der Bahnhof heißt *steissi* (Station).

Erstaunlich ist die große Anzahl verschiedener Dialekte, die in Finnland gesprochen werden. Bei einer Bevölkerung von nur etwa fünf Millionen Menschen findet man Dialekte, die sich voneinander so stark unterscheiden wie etwa Platt- und Schweizerdeutsch. Die bekanntesten davon sind das Karelische, das sich dem Russischen angenähert hat, weiter der Savo-Dialekt im Gebiet der Finnischen Seenplatte und der Rauma-Dialekt, der in der gleichnamigen südfinnischen Hafenstadt gesprochen wird und bei Finnen ähnliche Assoziationen weckt wie Waterkant-Deutsch bei uns.

Eine besondere Spezialität des Finnischen ist die Verneinung. Es gibt nicht ein einfaches Wort für «nein», sondern die Verneinung funktioniert mit Hilfe eines Verbs, das konjugiert wird: ich neine, du neinst, er, sie, es neint, wir neinen ... Nein sagen allein genügt nicht, man muß auch wissen, wie. Schon mancher ist in Finnland hängengeblieben, weil er nicht nein sagen konnte.

Wirtschaft – von Eisbrechern & Steuerbären

«Als Finne geboren zu sein, ist wie ein Lottogewinn.»

(Finnische Redensart)

Diesen Lottogewinn hätten so manche Finnen bitter nötig, denn zu den traurigen Rekorden, die Finnland für sich beanspruchen kann, gehören die Lebenshaltungskosten. Finnland ist eines der teuersten Länder der Welt. Gemeinsam mit Norwegen und Japan rangiert es in den Statistiken der OECD immer unter den ersten drei, je nach Konjunktur auch oft als zweifelhafter Sieger auf Platz eins. In den Geschäften ist fast alles erhältlich, allerdings zu astronomischen Preisen. Die Nettolöhne in Finnland sind zwar etwas höher als beispielsweise in Deutschland, da aber alles etwa doppelt so viel kostet, sind Kaufkraft und Lebensstandard deutlich niedriger.

Das Niveau der finnischen Preise ist natürlich teilweise mit den besonderen Gegebenheiten in diesem Land zu erklären. Wenn eine Volkswirtschaft, in der es nur etwa drei Millionen Steuerzahler gibt, nördlich des Polarkreises eine Straße baut, belastet das natürlich mehr den Geldbeutel des einzelnen als im dichtbesiedelten Mitteleuropa. Warum aber ein Kilo Tomaten zwischen zwölf und fünfzehn, ein Laib Brot etwa acht und ein Gläschen mit Gewürzgurken ungefähr zehn Deutsche Mark kosten müssen, ist schwer verständlich.

Erklärlich wird dies durch einen Blick auf die Organisation des finnischen Wirtschaftslebens. Finnland wird von einem Oligopol kontrolliert. Es gibt zwar eine Vielzahl verschiedener Geschäfte und Supermarktketten mit einer breiten Palette klangvoller Namen, aber sie alle gehören im wesentlichen nur vier verschiedenen Großhandelsunternehmen: *Kesko, Tuko, Sok* und *Eka* mit Namen. Nimmt man dazu noch *Valio,* die größte Milchprodukte-Kooperative, und das staatliche Alkoholmonopol *Alko* sowie die staatliche Ölgesellschaft *Neste,* so sind damit so gut wie hundert Prozent aller geschäftlichen Transaktionen abgedeckt. Es ist relativ unerheblich, wo man einkauft, das Geld fließt immer in dieselben Taschen. Noch vor ein paar Jahren hieß es: «In Finnland ist alles teurer als anderswo, mit einer Ausnahme – Reisen in die Sowjetunion.» Inzwischen gibt es die Sowjetunion nicht mehr, und das Ende der Preisbindung dort hat dafür gesorgt, daß sich auch dieser schwache Trost in Luft aufgelöst hat.

Finnlands Außenhandelsminister *Pertti Salolainen* war ungewöhnlich ehrlich für einen Politiker, als er 1991 öffentlich erklärte: «Wir müssen zugeben, daß es in Finnland nie eine richtige Marktwirtschaft gegeben hat. Man hat gesagt, Finnland sei das gelobte Land der Kartelle und der Monopole. Leider trifft dies zu. Der Wettbewerb hat nicht funktioniert.»

Inzwischen hat Finnland die EG-Mitgliedschaft beantragt und beginnt, sich auf die Angleichung der Normen vorzubereiten. Die Losung des Tages heißt *«Suomi eurokuntoon»,* «wir machen Finnland fit für Europa». Man behält die Wettbewerbspolitik verstärkt im Auge und seit kurzem gibt es auch so etwas wie ein Kartellamt.

Früher war Finnland ein fast hundertprozentiges Agrarland, außer Land- und Forstwirtschaft und etwas Fischerei gab es kaum noch andere nennenswerte Erwerbszweige. Das hat sich in diesem Jahrhundert in rasantem Tempo geändert. Heute sind es nur noch etwa neun Prozent der Finnen, die ihre Brötchen mit Pflügen und Säen oder mit Bäumefällen verdienen. Landwirtschaftlich genutzt sind nur etwa acht Prozent der Landesfläche, aber schon diese acht Prozent reichen aus für eine ansehnliche Überproduktion, für einen Fleisch- und Butterberg. Die finnische Landwirtschaft wird wie auch in vielen anderen europäischen Ländern hauptsächlich durch staatliche Subventionen am Leben erhalten.

Etwa jeder fünfte Finne arbeitet in der Industrie, und hier sind es besonders die Papier- und die Maschinenbauindustrie, die für das Bruttosozialprodukt sorgen. Finnische Papiermaschinen sind zwar recht teuer, aber aufgrund langer Erfahrung technisch um so ausgereifter, und sie werden in viele Länder exportiert. Ein weiterer Exportschlager sind Schiffe. Auf allen sieben Meeren sorgen in Finnland gebaute Eisbrecher für freie Fahrt, und die finnischen Werften haben die größten Luxusliner der Welt zusammengenietet. Die Fähren etwa, die zwischen Helsinki und Stockholm verkehren, sind die größten Fährschiffe der Welt. Mit ihren neun Decks erinnern sie schon mehr an Hotels als an Schiffe. Auffallend an diesen Fähren ist, daß der Preis für eine Überfahrt recht zivil ist – da aber die Fahrt nach Schweden sechzehn Stunden dauert, muß man wohl oder übel an Bord essen und trinken. Vor allem das Trinken ist für viele Finnen ein Grund, mit einem solchen Schiff nach Stockholm zu fahren: Das wichtigste an der Überfahrt ist der Duty-free-Shop an Bord, und böse Zungen behaupten, die Fähren würden nicht mit Dieselöl, sondern mit Alkohol betrieben. Vor einiger Zeit ist man seitens der Reederei dazu übergegangen, den zollfreien Alkohol erst am nächsten Morgen an die Passagiere abzugeben, da es vorher unterwegs oft zu einem mysteriösen Fahrgastschwund gekommen ist. Ein Finne mit einer Schnapsflasche, ganz allein auf dem nächtlichen Oberdeck ... man kann sich vorstellen, wie es weitergeht.

Viele Finnen träumen davon, ihr Staat möge wirtschaftlich zu einem «Japan des Nordens» werden und mit Elektronik und Telekommunikation einen Spitzenplatz auf dem Weltmarkt erreichen. Seit einiger Zeit geht hier der Slogan von einer «naturverträglichen Informationsgesellschaft» um. Darunter stellt man sich eine effektive Mischung aus High-Tech und tausend Seen vor, die Synthese aus Tradition und Zukunft. Tatsächlich gibt es in Finnland zum Beispiel das modernste Mobiltelefonnetz der Welt; kein Volk der Erde hat pro Einwohner soviele Taschentelefone wie die Finnen – nur will es mit der Wettbewerbsfähigkeit nicht so recht klappen. Die Produktionskosten in Finnland sind hoch, Rohstoffe und Transport teuer, und beim Bau einer Fabrik muß man mehr investieren, damit die Arbeiter bei minus dreißig Grad nicht mit den Zähnen klappern. Außerdem genießen finnische Arbeitnehmer geradezu paradiesische Vorteile, wenn es um Arbeitszeiten, Ferien- und Krankheitsregelungen geht. Das Fünf-Millionen-Volk verfügt über beachtlich viele und aktive Gewerkschaften. Aus dem «Japan des Nordens» wird wohl schon allein deshalb nichts werden, weil die finnische Arbeitsmoral viel gemächlicher ist als die des angestrebten Vorbilds – zum Glück.

Der finnische Agrarsektor ist auf dem absteigenden Ast, und mit ihm auch ein Erwerbszweig, der bis vor kurzem noch recht krisensicher schien: die Pelztierzüchtung. Noch vor ein paar Jahren lieferte Finnland etwa zehn Prozent der gesamten Rohpelze der Welt, bei Nerzen lag der Anteil am Weltmarkt bei zwanzig, bei Füchsen sogar bei sechzig Prozent. Die Pelztierbranche wird aber seit einigen Jahren von schwersten Krisen geschüttelt, denn die internationalen Kampagnen der Tierschützer haben dafür gesorgt, daß sich die Dame von Welt in Paris, London oder New York kaum mehr mit einem echten Pelz auf die Straße traut. Das hat zu einer Konkurswelle unter den finnischen Züchtern geführt, und das Aussterben des ganzen Berufszweigs liegt vermutlich nicht in allzu weiter Ferne.

Zum Schluß dieses Kapitels noch zu einem Thema, das überall auf der Welt unangenehme Assoziationen weckt, in Finnland die Gemüter aber besonders erhitzt: die Steuer. Der Steuersatz ist absolute Weltspitze, und das finnische Steuersystem besticht durch schier grenzenlose Kreativität. Der Staat erfindet ständig neue Kniffe, um den Bürgern das sauer verdiente Geld wieder abzunehmen. Im finnischen Volksmund nennt man die Steuerbehörde *Verokarhu,* den Steuerbären, und dieser Spitzname ist alles andere als liebevoll gemeint. Im Gegenteil, die Wut der Bevölkerung hat sich im Jahre 1992 schon zweimal in Form von Bombenattentaten auf das Steueramt in Helsinki Luft gemacht. Hier zwei Beispiele für den Einfallsreichtum des Steuerbären:

Erstens: Die Reisesteuer. Seit 1991 muß jeder Finne, der seinen Urlaub außer Landes verbringt, umgerechnet etwa 80 DM Steuern dafür bezahlen. Diese Steuer wird einfach auf den Preis des Flug- oder Schiffstickets aufgeschlagen. Natürlich könnte man diese Gebühr umgehen, indem man mit dem eigenen Auto fährt, aber ein Blick auf die Landkarte genügt, um zu erkennen, daß es kein Vergnügen ist, Finnland mit dem Pkw zu verlassen. Wer Urlaub macht und sein Geld der ausländischen Tourismusbranche in den Rachen wirft, wird vom Bären bestraft.

Zweitens: Die Autosteuer. Die funktioniert ganz einfach. Wenn jemand ein Auto kauft, schaut der Steuerbär auf einer langen Liste nach, auf der für jeden erdenklichen Autotyp die voraussichtliche Lebensdauer steht. Und für diese potentielle Lebensdauer des Wagens muß man die gesamte Steuer im voraus, gleichzeitig mit dem Kaufpreis, zahlen. Bei etwas teureren Mittelklassewagen macht der eigentliche Preis dann nur noch ein gutes Drittel der Kaufsumme aus. Kurz: Autos kosten in Finnland doppelt bis dreimal so viel wie anderswo. Beliebtes Gesprächsthema in Finnland ist denn auch: Wie schmuggle ich ein Auto nach Finnland, um es weiterzuverkaufen? Aber natürlich hat der Steuerbär in weiser Voraussicht dafür gesorgt, daß dies unmöglich ist.

In solch einsamen Waldlichtungen machen Bären ab und zu ihre Aufwartung, dies namentlich im Osten des Landes. Als Fotograf ist man zwar enttäuscht, keinen zu Gesicht bekommen zu haben, als physisch schwächeres Lebewesen jedoch durchaus froh …

Eindruck von der wilden Schlucht von Korouoma, die mittels eines Wanderweges erschlossen ist und südöstlich von Rovaniemi liegt (ca. 90 Kilometer).

Nach einem trockenen Sommer in Nordostlappland.

Verlandender Teich in einem engen Tal der Pyhätunturi (= Berge) im südlichen Lappland. Dieser besonders felsige Hügelzug gehört zu den ältesten Gebirgsformationen der Erde (ca. 2 Mrd. Jahre) und besteht aus Meeresbodensedimenten, die sich zu Quarzit umgewandelt haben.

Farbtupfer des Herbstes in Pyhä-tunturi; diese Berge sind auch als Skigebiet gut bekannt.

Alltag & Feiertag

Karneval statt Tag der Arbeit

«Von einem Pferd gebissen zu werden, ist eine Schande, aber noch schlimmer ist, von einer Frau geschlagen zu werden.»

(Finnisches Sprichwort)

Dem ausländischen Besucher sei, wenn er in einer finnischen Wohnung ist, empfohlen, den Schrank über dem Spülstein in der Küche zu öffnen, er wird dort etwas Geniales finden: Statt eines Bodens hat der Schrank ein Gitter, auf das man nach dem Abwasch das nasse Geschirr stellt, das Wasser tropft direkt in die Spüle. Für Menschen, die Teller und Tassen abtrocknen, haben die Finnen nur verständnislosen Spott übrig.

Auch die Parkplätze vor Wohnhäusern und vielen öffentlichen Gebäuden haben eine Besonderheit, die für mitteleuropäische Augen ungewohnt ist: etwa einen Meter hohe Metallpfosten neben jedem Parkplatz mit einem verschließbaren Kästchen. In diesem Kästchen befindet sich eine Steckdose, die mit einer Zeitschaltuhr gekoppelt ist. Anstatt im Winter morgens bei beißendem Frost den Anlasser und sich selbst zu quälen, bauen sich viele Finnen eine Motor- und Innenraumheizung in ihr Auto ein und verbinden diese abends mit der Steckdose und programmieren die Schaltuhr. Wenn sie morgens zur Arbeit starten, ist das Auto innen mollig warm und springt anstandslos an.

Der Arbeitsplatz ist auch meist der Ort, an dem man das Mittagessen einnimmt. Fast jede Firma hat eine Kantine, und die Kinder bekommen im Kindergarten oder in der Schule eine warme Mahlzeit. Diese Mahlzeit ist ein Symbol für den vorbildlichen Sozialstaat, den sich die Finnen in den fetten Jahren weitgehend nach schwedischem Vorbild geschaffen haben. Die Finnen leisten sich auch eines der besten Mutterschutzgesetze der Welt; eine junge Mutter kann sich bis zu drei Jahre lang ausschließlich ihrem Kind widmen, ohne ihren Arbeitsplatz zu verlieren, und sie bekommt überraschend hohe Sozialleistungen vom Staat. 1990 demonstrierten schwangere Frauen in England und trugen dabei Transparente mit der Aufschrift «I want to have my baby in Finland!» Natürlich schlachtete die finnische Presse diesen unverhofften Ruhm gehörig aus.

Inzwischen aber herrscht in Finnland die Rezession. Da die Politiker auch dort glauben, keinesfalls auf Atomkraftwerke und neue Abfangjäger für die Luftwaffe verzichten zu können, wird beim Kindergeld, der kostenlosen Krankenvorsorge und -behandlung sowie der Arbeitslosenunterstützung als erstes gespart. Transparente wie damals in England wird man vermutlich nicht mehr so schnell zu sehen bekommen.

Aber noch existiert und funktioniert der angeschlagene skandinavische Sozialstaat, und einem seiner Architekten sei hier Tribut gezollt: dem Arzt *Arvo Ylppö*, der von 1912 bis 1920 in Berlin wirkte, bevor er nach Finnland zurückkehrte. Er kümmerte sich vor allem um den Nachwuchs der Finnen und ist der Erfinder der Schwangerenvorsorgeuntersuchung. Daß Finnland heute eine der niedrigsten Säuglingssterblichkeitsraten der Welt hat, ist hauptsächlich sein Verdienst.

Er wartete seinerzeit mit radikalen Ideen auf: So empfahl er jungen Müttern, ihre Babys jahraus, jahrein tagsüber draußen schlafen zu lassen, auch bei strengen Minusgraden, das sei gut für die Gesundheit. Die Mütter waren zwar anfänglich entrüstet, nahmen sich Dr. Ylppös Rat dann aber zu Herzen – und siehe da: Die finnischen Kinder litten weit seltener an Erkältungskrankheiten als in anderen Ländern, und ihre allgemeine Widerstandsfähigkeit gegen Infektionskrankheiten wuchs.

Dr. Ylppös Ideen zur Gesundheit des Menschen sind bestimmt nicht aus der Luft gegriffen, er wußte, wovon er sprach. Der «gute Onkel Doktor» der Finnen starb nämlich im Frühjahr 1992 im «zarten» Alter von einhundertvier Lenzen. Es gibt unzählige Geschichten über ihn, eine davon lautet so: Arvo Ylppö hilft einem alten, gebrechlichen Mann über die Kreuzung. Die beiden kommen ins Gespräch und es stellt sich heraus, daß der Doktor vor fünfundsiebzig Jahren bei der Geburt des Mannes anwesend war – als Arzt der Mutter.

Finnische Frauen (von denen es etwa 150000 mehr gibt als Männer) sind stolz auf den Grad an Emanzipation, den sie erreicht haben. Das heißt allerdings noch lange nicht, daß sie gleichberechtigt wären: Hier bekommt eine Frau für gleiche Arbeit immer noch weniger Lohn als ihre männlichen Kollegen. Dennoch haben es finnische Frauen deutlich besser als ihre Schwestern in Italien, Spanien, Deutschland oder England. Im allgemeinen sind sie gut ausgebildet und gehen einem Beruf nach; erstens, weil sie es nicht ertragen könnten, ein Hausfrauendasein zu fristen und auf ihre Männer angewiesen zu sein, und zweitens, weil sich bei den finnischen Preisen nur wenige Familien eine nicht berufstätige Hausfrau leisten können.

Früher und teilweise auch heute noch funktionierte die Arbeitsteilung auf finnischen Bauernhöfen ganz einfach: Der Mann war für alles außerhalb der Haustür zuständig, die Frau für alles innerhalb. Meistens verwaltete die Frau das Geld und gab ihrem Angetrauten samstags nur ein Minimum davon mit auf den Markt, damit er das Wochenende nicht saufend und Karten spielend verbrachte. Und auch in Sachen Gewalt in der Ehe geht es, wenigstens im Geiste des Alten Testaments, hier gerechter zu als anderswo: Es gibt viele finnische Ehepaare, bei denen der Mann die Frau prügelt, aber auch viele, wo es umgekehrt ist. Das eingangs angeführte Sprichwort hat auch heute noch eine gewisse Aktualität.

Ein Dämpfer noch für alle, die glauben was man sich andernorts gern über das angeblich ultraliberale Sexualverhalten skandinavischer Frauen erzählt und sich womöglich auf einen entsprechenden Urlaub vorbereiten: Zumindest was Finnland angeht, sind diese Vorstellungen völlig aus der Luft gegriffen.

Schreiben Sie dem Weihnachtsmann!

Der erste Mai ist auch in Finnland der Tag der Arbeit, an dem die Gewerkschaftsbosse die Rednerpulte bevölkern und über die jeweilige Regierung herziehen. Der proletarische Charakter dieses Feiertags allerdings war hier schon immer schwächer als in anderen Ländern und ist zusehends im Dahinschwinden begriffen. Die traditionellen Arbeitermärsche finden von Jahr zu Jahr geringeren Zulauf und die Bilder davon im Fernsehen wirken mitunter recht jämmerlich. Ein Grund hierfür ist sicher der Umstand, daß es inzwischen in Finnland wesentlich mehr Angestellte als Arbeiter gibt, ein anderer die Jahreszeit: Der Frühling, der hier im Norden recht spät Einzug hält, muß mit Trara und Mummenschanz begrüßt werden, und da es im protestantischen Finnland keinen Karneval gibt, muß eben der erste Mai dafür herhalten.

Vappu, wie der Maifeiertag auf finnisch heißt, ist schon lange vor allem das Fest der Abiturienten und Studenten, auch der ehemaligen. Zu Tausenden drängen sie sich am Vorabend des Maifeiertages auf den Straßen, fast alle tragen dabei das *ylioppilaslakki,* die weiße Abiturientenmütze, die man in Finnland bei den Feierlichkeiten anläßlich der Reifeprüfung vom Schuldirektor nebst warmen Wünschen für die Zukunft erhält (natürlich muß man die Mütze vorher selbst kaufen). Vappu ist der einzige Tag im Jahr, an dem die Polizei die strengen Alkoholgesetze weitgehend außer acht läßt und die Bevölkerung in aller Seelenruhe öffentlich und unter freiem Himmel trinken darf – meist Sekt. Zu Vappu gehört auch, daß man sich verkleidet, die Nacht zum Maifeiertag so gut wie schlaflos verbringt, sich endlich einmal richtig gehen läßt und den nächsten Morgen mit einem traditionellen Sekt- und Heringsfrühstück begrüßt.

Mindestens ebenso wichtig wie der Maifeiertag ist für Finnen *juhannus,* der Johannistag oder besser gesagt die Johannisnacht. Es ist das Fest der Sommersonnenwende, der längste Tag im Jahr, die Mittsommernacht. Nördlich des Polarkreises geht um diese Zeit die Sonne nicht unter, aber auch in den südlichen Landesteilen wird es nicht ganz oder nur für kurze Zeit dunkel.

Der Höhepunkt der Johannisnacht ist das Entzünden des *kokko,* des meist mehrere Meter hohen Reisighaufens, der an fast jeder bewohnten Stelle im Land aufgebaut wird.

Die Straßen von Helsinki und der anderen größeren Städte sind am Johannistag wie leergefegt, denn dieser Tag wird, soweit möglich, auf dem Land in einem *kesämökki,* einem Sommerhäuschen, verbracht. Dazu gehört selbstredend ein ausgedehnter Saunabesuch mit anschließendem ausgiebigem Umtrunk. Von diesen Sommerhäuschen gibt es in Finnland etwa eine halbe Million – das heißt ein Häuschen pro zehn Einwohner. Und wenn es irgendwie im Budget einer Familie liegt, dann kauft oder pachtet man sich ein Mökki, das am Wasser liegt, entweder an der Meeresküste oder an einem See. Viele dieser Häuschen haben noch das, was Städter in der Natur suchen, nämlich kein fließendes Wasser, keinen elektrischen Strom und kein Telefon.

Ein Tip für unverheiratete oder scheidungswillige Touristen: Wer sich in der Johannisnacht sieben verschiedene frischgepflückte Kräuter in die Schuhe legt und mit diesen Schuhen über sieben Zäune steigt, wird anschließend im Traum seinen zukünftigen Ehepartner erblicken. Allerdings sollte man nicht zuviel trinken, damit man sich an diesen Traum später auch erinnert.

Ende November, Anfang Dezember beginnt für viele Finnen eine Periode angestrengten Feierns. Es ist die Zeit der *pikkujoulut,* der «kleinen Weihnachten», der Weihnachtsfeiern von Betriebsbelegschaften, Vereinen und anderen Gruppen. Diese Pikkujoulut können mitunter recht anstrengend werden, denn es ist gar nicht so selten, daß man zu mehr als zehn solcher Parties eingeladen wird. Für diese Feiern braucht man im Grunde nur zwei Dinge: ein Quantum an Trinkfestigkeit und eine rote Zipfelmütze. Diese Zipfelmütze setzt man sich im feuchtfröhlichen Verlauf des Abends auf und stellt dann einen *joulutonttu* dar, eine Art Weihnachtswichtel. Diese Zwerge haben etwa das gleiche Berufsbild wie in Deutsch-

WEIHNACHTSMANN ANTWORTET AUCH DEUTSCH

land die Heinzelmännchen, sie sind unsichtbar und gehen der Hausfrau beim Brotbacken und anderen Arbeiten zur Hand, und wenn man vergißt, ihnen eine Schüssel warme Milch in die Stube zu stellen, werden sie böse und lassen den Teig sauer werden oder anderes Unheil geschehen.

Der Weihnachtsmann selbst ist auch ein Finne. Er wohnt in Lappland auf dem *korvatunturi,* dem Ohren-Fjäll. Zwar hat es in den letzten Jahren hinsichtlich der Herkunft des echten und einzig wahren Weihnachtsmannes Zwietracht gegeben, unter anderem hatten die Amerikaner Ansprüche angemeldet, aber der ehemalige US-Präsident Reagan lenkte bei seinem letzten Finnlandbesuch ein und erkannte den finnischen Santa Claus offiziell an.

Falls Sie ein Anliegen für den Weihnachtsmann haben, schreiben Sie ihm doch einfach. Seine Adresse lautet: *Joulupukki* (Weihnachtsmann), SF-96930 Polarkreis, Finnland. Sie brauchen nicht bis Dezember zu warten, der Weihnachtsmann beantwortet das ganze Jahr über Zuschriften auf deutsch, englisch, japanisch, französisch, schwedisch und finnisch.

Kirchen – Engelszungen & Einwohnermeldeamt

Meist Steuerchristen

Etwa vier Fünftel der finnischen Bevölkerung sind Mitglieder der evangelisch-lutherischen Kirche. Diese Mitgliedschaft erschöpft sich allerdings in den meisten Fällen im Bezahlen der Kirchensteuer. Die Gottesdienste sind recht schlecht besucht, der Durchschnittsfinne betritt das Gotteshaus nur anläßlich seiner Taufe, seiner Konfirmation, seiner Hochzeit und seines Todes.

St. Marie- oder Räntämäki-Kirche.

Den Protestanten, deren Traditionen via Schweden nach Finnland gelangten, stehen die Russisch-Orthodoxen gegenüber. Ihre Liturgie trägt mehr als deutliche Spuren der östlichen Nachbarkultur. In den Gottesdiensten wird altes Kirchenrussisch gesprochen, es duftet nach Weihrauch, der Priester trägt einen langen schwarzen Talar und im Gesicht einen Rauschebart, von den Wänden des Gotteshauses blicken huldvoll die Ikonen auf das gläubige Volk herab. Die Orthodoxen folgen dem alten russischen Kalender, und ihr wichtigstes Fest ist nicht Weihnachten, sondern Ostern, die Auferstehung Christi. Die orthodoxe Kirche in Finnland zählt nur etwa 60 000 Mitglieder. In den letzten Jahren hat sie zwar keinen übermäßigen, aber doch spürbaren Zulauf bekommen, vermutlich deshalb, weil bei den Orthodoxen alles ein bißchen prächtiger und feierlicher zugeht als im etwas schmucklosen, spartanischen, protestantischen Gottesdienst. Die Orthodoxen verfügen über ein sehenswertes Kloster auf *Valamo*, einer Insel in Ostfinnland. In Helsinki steht, schon vom Schiff aus weithin sichtbar, auf einem Hügel die *Ouspenskij*-Kathedrale, ein roter Ziegelbau, der zu bestimmten Zeiten auch für Touristen geöffnet ist.

Finnlands berühmter Theologe: Johannes Elai Terserus (1605–78).

Die lutherische und die orthodoxe Kirche sind Staatskirchen – in Finnland gibt es nicht die in Deutschland durch Bismarck eingeführte Trennung von Staat und Kirche. Hier übernehmen die Kirchen unter anderem auch die Funktion des Einwohnermeldeamtes, und wer heiratet, braucht nicht vor der kirchlichen Trauung aufs Standesamt zu gehen, die Zeremonie ist auch im weltlichen Sinne rechtskräftig.

Außer dieser beiden Staatskirchen gibt es in Finnland noch eine ganze Reihe sogenannter «Erweckungsbewegungen», wie Methodisten oder etwa die *helluntailaiset*, die Pfingstler, die sich während ihrer Erweckungsversammlungen vom Heiligen Geist erfüllen lassen, ein Vorgang, der sich durch konvulsivische Zuckungen und das Reden in «Engelszungen» manifestiert. Die sprachwissenschaftliche Abteilung der Universität Helsinki analysiert diese Engelszungen linguistisch und vergleicht sie mit denen, die in Nordamerika bei ähnlichen esoterischen Séancen gesprochen werden. Bislang konnten die Forscher

Trauer bei der Neubausiedlung. Ölgemälde von Fr. Ahlstedt (1839–1901).

aber noch keine Verwandtschaft zwischen den verschiedenen himmlischen Dialekten nachweisen.

Die amüsanteste religiöse Splittergruppe in Finnland sind die *laestadiolaiset,* die Laestadier-Sekte, die 1846 von dem schwedischen Prediger *Lars Levi Laestadius* gegründet wurde und vor allem unter den Saamen, die man ja ihrer eigenen Mystik und Mythologie weitgehend beraubt hatte, rasch Verbreitung fand. Auch die Laestadier durchleben einen kathartischen Erweckungsmoment, wobei sie stilecht in Ohnmacht fallen. In ihrem täglichen Leben verdammen sie Teufelszeug wie etwa Verhütungsmittel (was zu einem erstaunlichen Kindersegen führt), das Fernsehen, Alkohol in jeglicher Form und nicht zuletzt Waschmaschinen mit Sichtluken, bei denen man während des Waschvorgangs die Unterwäsche beim Rotieren beobachten kann. Das nämlich könnte katastrophale Folgen für das Seelenheil der Gläubigen haben. Die Laestadier gehören, anders als die übrigen erwähnten Sekten, offiziell zur lutherischen Staatskirche – diese möchte sie zwar aus liturgisch-ideologischen Gründen gern loswerden, kann sich aber nicht leisten, mehr als hunderttausend Steuerzahler zu verlieren – auch Gott frißt in der Not Fliegen.

Küche & Köche

Fischhahn und Brotkäse
Cuisine Finlandaise

«Frühling kam, der Schnee schmolz ab vom Acker,
schwemmte weg von seiner Saat die Hälfte.
Sommer kam, es fiel ein Hagelschauer,
schlug die Hälfte von den Ähren nieder.
Herbst kam, und der Nachtfrost nahm, was übrig.
Paavos Weib, sie rauft' ihr Haar und sagte:
– Paavo, Paavo, unglücksel'ger Alter,
nimm den Stab, denn Gott hat uns verstoßen!
Schwer ist Betteln, doch zu Hungern schlimmer.
Paavo nahm sie bei der Hand und sagte:
– Prüfen will der Herr und nicht verstoßen!
Mische Rinde du ins Brot zur Hälfte,
ich will ziehen doppelt soviel Gräben
und vom Herrn die Ernte uns erhoffen.»

(Aus: J. L. Runeberg, Der Bauer Paavo)

Mit der Rinde im Brotteig hat Runeberg nicht übertrieben. In Finnland hat es oft Hungersnöte und Zeiten der Knappheit gegeben – zuletzt mußten viele Finnen nach dem Zweiten Weltkrieg ihren Brotteig mit Baumrinde strecken.

Man kann sich leicht vorstellen, daß die traditionelle finnische Küche ein recht einseitiges Angebot bereithält. Die Wachstumsperiode ist sehr kurz, in Lappland dauert sie nur etwa 120 Tage, im Süden Finnlands sprießt die Vegetation während ungefähr 180 Tagen. Fast alle Getreidesorten, die hier angebaut werden, sind speziell auf das arktische Klima zugeschnittene Züchtungen.

Die traditionellen Grundnahrungsmittel in Finnland sind Fleisch, Brot, Beeren, Pilze, Obst und die verschiedenen Gemüsesorten, die im kurzen nordischen Sommer gedeihen. Beeren und Pilze haben auch heute noch eine zentrale Stellung in der finnischen Küche, daran hat auch das Reaktorunglück in Tschernobyl nichts geändert. Während in weiten Teilen Europas Pilze wegen ihres hohen Gehalts an langstrahlendem Cäsium für tabu erklärt wurden, aß man in Finnland weiter ungeniert *sienisalaatti*, Pilzsalat, *sienipiirakat*, Pilzpiroggen oder *kantarellikastike*, Pfifferlingsoße.

Übrigens: Von der Atomkatastrophe im benachbarten Rußland erfuhren die Finnen erst durch die schwedischen Medien. Die finnische Strahlenschutzbehörde hatte den starken radioaktiven Niederschlag zwar bemerkt, es aber für angebracht gehalten, die eigene Bevölkerung und die Regierung der benachbarten UdSSR nicht durch schlechte Nachrichten mißzustimmen.

Aber zurück zum Essen: Eine Beerenart, die fast jeder Tourist hier kennen- und nach kurzer Anlaufzeit schätzenlernt, ist *lakka*, die Multbeere, auch als arktische Sumpfbrombeere bekannt. Sie wächst, wie der Name sagt, ausschließlich auf nordischem Sumpfboden, ist gelblich-orange und erinnert von Form und Größe her an die Brombeere. Die Multbeere ist selten, recht schwer zu finden und daher teuer; für Finnen ist sie eine besondere Spezialität. Man ißt sie roh, mit Eiskrem oder man trinkt sie – in Finnlands Alkoholläden gibt es verschiedene

Eine Telefonzelle in Helsinki. Eine zugige Konstruktion – etwa gegen Schwatzhaftigkeit? Eine Eigenschaft, die man den Finnen eigentlich nicht nachsagen kann.

Spätwinterliche Ruhe an der Südküste.

Ein See im Nordwesten Lapplands – für Fische unsicher . . .

Die Stadt Kuopio, vom inselübersähten See Kallavesi umgeben.

Uferstilleben.

exzellente Marken von *lakkalikööri.* Ebenfalls im Alko-Fachhandel erhältlich und ebenfalls aus Beeren, genauer gesagt aus weißen Johannisbeeren hergestellt ist Elysée, eine Sektmarke, die zuerst durch ihren etwas ungewöhnlichen Geschmack überrascht, an den man sich aber schneller als einem recht ist gewöhnt.

Ein weiteres kulinarisches Muß für jeden Finnlandbesucher ist der *kalakukko,* wörtlich übersetzt der Fischhahn, aus der Region Savo im Gebiet der Finnischen Seenplatte. Dabei handelt es sich um eine Art Fischkuchen, der mit einem dunklen Brotteig umbacken wird. Manchmal heißt er auch *muikkukukko,* nach den *muikut,* den kleinen Strömlingen, mit denen der Teig meist gefüllt wird. Wer Fisch mag, sollte sich diesen Fischhahn nicht entgehen lassen. Er wird übrigens kalt gegessen. Fischgerichte in allen Variationen gehören zum täglichen Speisezettel der Finnen.

Jugendliche Saamen im 19. Jh., damals noch Lappen genannt.

Vor allem der Hering und *kirjolohi,* die Regenbogenforelle, wandern täglich in Hunderttausende von Mägen. Die Forelle, für Ausländer meist eine selten genossene Delikatesse, hat in Finnland in letzter Zeit eine Inflation erlebt. Durch intensive Züchtung ist es zu einem Überangebot gekommen, mit der Folge, daß Regenbogenforellen erheblich billiger sind als beispielsweise Schweinefleisch.

Aus Ostfinnland, aus Karelien, kommen die schiffchenförmigen *karjalan piirakat*, die karelischen Piroggen. Sie sind etwa handtellergroße, flache Taschen aus Roggenteig mit einer Füllung aus Kartoffel- oder Reisbrei. Man ißt sie warm mit *munavoi*, einem Brei aus pürierten, hartgekochten Eiern und Butter. Nicht zu empfehlen für Leute, die auf ihren Cholesterinspiegel achten müssen.

Etwas Eigentümliches sind finnische Wurstwaren. Der Gesetzgeber fordert von den Produzenten nur einen verschwindend geringen Fleischanteil – was der Verbraucher zu schmecken bekommt. Manche Nörgler behaupten denn auch, Finnland sei ein Paradies für Vegetarier, hier könnten sie sich unbesorgt ein Würstchen grillen, ohne ihren Prinzipien untreu zu werden. Die bedeutendste Vertreterin der finnischen Wurstszene ist die *lauantaimakkara*, die Samstagswurst, zumindest optisch ähnlich der deutschen Fleischwurst, die zusammen mit der Freitagsflasche (vgl. das Kapitel über Alkohol) für viele Finnen das Grundnahrungsmittel schlechthin darstellt.

Das finnische Wort *laatikko* heißt eigentlich Kiste oder Schachtel, aber in der Küche ist es auch die Bezeichnung für die sehr beliebten Aufläufe, die in einer kistenartigen Form zubereitet werden. Die häufigsten Kisten sind der Leberauflauf, *maksalaatikko*, der Möhrenauflauf, *porkkanalaatikko* und *lanttulaatikko*, der Kohlrübenauflauf.

Kaffee und Kuchen bzw. Gebäck sind in Finnland ein absolutes Muß, wenn Besuch kommt. Zu jeder Gelegenheit wird dem Gast *kahvi* und *pulla* angeboten, ein Täßchen Kaffee und süßes Gebäck aus Hefeteig, vergleichbar mit unserem Zopf. Kaffee kann mit Recht die finnische Volksdroge genannt werden. Mit einem Pro-Kopf-Verbrauch von 12,9 kg im Jahr 1990 liegen die Finnen unschlagbar an der Weltspitze. Zum Vergleich: Im selben Jahr überbrühten die Österreicher 10,6, die Schweizer 8,2 und die Deutschen 7,4 kg geröstete und gemahlene Kaffeebohnen. Kaffee ist eines der ganz wenigen Nahrungsmittel, die in Finnland weniger kosten als anderswo.

Das Spektrum von Pullas ist schier unerschöpflich. Da gibt es die sahnegefüllte *laskiaispulla*, die in der Zeit um Dreikönig gereicht wird, es gibt die *runebergintorttu*, die ihren Namen nach der Frau des am Anfang dieses Kapitels erwähnten Nationaldichters trägt, es gibt die *voisilmäpulla*, die Butteraugen-Pulla ... die komplette Auflistung würde mehrere Seiten füllen.

Oft wird zum Kaffee auch *leipäjuusto* gereicht, wörtlich übersetzt Brotkäse. Dabei handelt es sich um eine Käsegrundmasse, die aber nicht zu Käse verarbeitet, sondern zu einem flachen Kuchen gepreßt und über dem offenen Feuer gebraten wird, bis sie dunkelbraune Flecken hat. Diese Fladen sind ein traditionelles Festessen aus dem nördlichen Finnland und Lappland.

In der Zeit vor Ostern tauchen in den Regalen der Lebensmittelläden zwei saisongebundene Spezialitäten auf: *mämmi* und *pasha*. Ersteres ist ein recht seltsam anzusehender, dunkelbrauner und sehr süßer Malzbrei, der meist als flache Schicht in einer Pappschachtel mit Klarsichtdeckel verkauft wird und geschmacklich nicht jedermanns Sache ist. Pasha ist das irdische Lebensglück der Orthodoxen, eine Creme aus Sahne, Quark, Rosinen und Vanille. Vorsicht ist geboten, denn daß man zuviel davon gegessen hat, merkt man erst, wenn es schon zu spät ist und der Magen spannt wie eine Trommel.

Bei diesem kleinen Rundflug über den gedeckten finnischen Tisch sind natürlich zahlreiche leckere Gerichte unerwähnt geblieben, etwa all die Variationen, die aus Elch- und Rentierfleisch zubereitet werden, der Stockfisch, den es Heiligabend gibt, unzählige verschiedene Suppen und viele Milchprodukte. All diese sind aber nicht unbedingt typisch finnisch, vor allem Elch- und Rentiersteaks, -braten und was man sonst noch aus diesen Tieren machen kann, gibt es natürlich auch in Norwegen und Schweden.

Finnische Lebensmittel sind derzeit die teuersten der Welt. Wer hier einen Supermarkt betritt, tut gut daran, ein Riechfläschchen mit sich zu führen, denn die Preise können auch dem Hartgesottenen das Bewußtsein rauben. Leider ist die finnische Küche aber bei weitem nicht die beste der Welt. Bei aller Liebe: Finnisches Essen schmeckt zwar recht gut, aber es lohnt sich nicht, nur aus kulinarischen Gründen den langen Weg nach Norden anzutreten. Wer in erster Linie des Gaumens wegen reist, der sollte lieber eine andere Richtung einschlagen.

Abenteuer im Alltag

In letzter Zeit hat sich der Begriff Erlebnisgastronomie verbreitet. Damit meint man wohl das, was über die bloße Mahlzeit hinausgeht, das Ambiente, das Flair, die Atmosphäre, die den Restaurantbesuch zum unvergeßlichen Erlebnis machen. Ein Besuch in einem finnischen Restaurant ist ganz bestimmt ein Stück Erlebnisgastronomie, wenn auch in etwas anderem Sinne, als es die Erfinder dieses Begriffs im Sinn haben mochten. Lassen Sie uns einmal exemplarisch in Finnland auswärts essen gehen:

Das erste Hindernis ist der *ovimies* oder *portsari*, der Türsteher. Dieser ist meist ebenso muskulös wie unfreundlich. Seine Aufgabe besteht darin, nicht zahlungskräftig aussehende, alkoholisierte oder sonstwie verdächtig wirkende Subjekte abzuwehren, und sein strenger Blick entscheidet, ob der hungrige oder durstige Besucher Gnade und Einlaß findet. An Wochenenden sieht man in jeder finnischen Stadt vor Restaurants oder Diskotheken lange Menschenschlangen warten. Wenn man es dann nach gebührendem Ausharren, im Winter selbstredend bei klirrenden Minusgraden, schließlich geschafft hat, ist das Restaurant oft halbleer, und man wundert sich, warum man eigentlich warten mußte. Die Erklärung ist rein psychologischer Natur: Ein Gast, der im grimmigen Frost eine Dreiviertelstunde lang gewartet hat, ist dankbar, überhaupt drinnen zu sein. Er läßt dann alles mit sich machen und kommt bestimmt nicht auf die Idee, etwa die Kneipe zu wechseln, weil ihn dann ja das gleiche Schicksal von neuem erwarten würde.

Wer die Nerven gehabt hat, zäh zu warten, darf sich dann drinnen aus seinem Mantel schälen. Diesen muß er gegen ein Entgelt von meist fünf Finnmark an der Garderobe in Gewahrsam geben.

Weiter geht's mit der Bedienung. Die läßt meist etwas auf sich warten. Und wenn sie schließlich am Tisch eintrifft, tut man gut daran, sich ordentlich zu benehmen, denn in finnischen Restaurants ist nicht etwa der Gast König, sondern derjenige, der die Kontrolle über den Zapfhahn hat.

Nach Lichtzeichen kein Bier mehr

Wer nur Getränke bestellt, muß diese sofort nach Erhalt bezahlen, wer aber eine Mahlzeit ordert, kann essen und trinken soviel er will, die Rechnung kommt erst am Schluß. Das ist eigentlich unlogisch, denn wer die Zeche prellen will, kann, indem er sich erstmal ein Schnitzel kommen läßt, die Rechnung kräftig anwachsen lassen, bevor er sie nicht bezahlt.

Nach stattgefundenem Mahl und Trunk macht der Fremde dann zum Abschluß des Abends Bekanntschaft mit einem weiteren, anderswo weitgehend unbekannten Phänomen: dem *valomerkki*, auf deutsch dem Lichtzeichen. Eine halbe Stunde vor Schließung des Lokals gehen für einen Moment sämtliche Lichter aus, und die Gäste sitzen einige Sekunden lang im Dunkeln. Das hat nicht etwa mit Schwierigkeiten bei der Stromversorgung finnischer Restaurants zu tun, sondern mit der Alkoholgesetzgebung. Dieses Lichtzeichen signalisiert den Gästen, daß ab sofort keine alkoholischen Getränke mehr ausgeschenkt werden und der Abend vorbei ist.

Beim Verlassen des Restaurants achte man darauf, was der Portsari sagt: Sagt er gar nichts, hat er keinen Gefallen an dir als Gast gefunden. Sagt er aber *«tervetuloa uudelleen»*, «Willkommen auch beim nächsten Mal», dann hat ihn entweder die Höhe deines Trinkgeldes überzeugt oder er war aus unerklärlichen Gründen besonders guter Laune.

Sport –
einsam gegen den Rest der Welt

«Ein Sportler erlebt keinen gesunden Tag.»

(Finnische Redensart)

Bunt muß er sein, die Farben so grell wie nur möglich: der Jogging-Anzug, die finnische Nationaltracht des ausgehenden zwanzigsten Jahrhunderts. Wo früher Jäger und Sammler in Fellkleidung auf der Suche nach Beutetieren, Beeren und Pilzen die schier endlosen Wälder durchstreiften, keuchen heute auf wohlgepflegten Pfaden ganze Sippen, vom Opa bis zur Enkelin, ihrer Fitneß hinterher.

Die Finnen sind enthusiastische Sportler. Der Sport war hier schon immer ein wichtiges Instrument zur Verbesserung des nationalen Selbstbewußtseins. So heißt es beispielsweise, der Marathon-Läufer *Hannes Kolehmainen* habe Finnland seinerzeit auf die Weltkarte gelaufen. Dieser Satz illustriert anschaulich, wie stolz und dankbar Finnland ist, wenn es einer seiner Töchter oder einem seiner Söhne gelingt, in der großen weiten Welt Schlagzeilen zu machen. Und solche Schlagzeilen werden eben meist von Sportlern gemacht. Als die finnischen Olympioniken bei den Spielen in Antwerpen 1920 in der Leichtathletik neun Goldmedaillen errangen, ebensoviele wie die Vereinigten Staaten, brach in Finnland Hysterie aus. Bei der Rückkehr wurden die Sportler mit Kanonengeböller empfangen und die Gemahlin des Staatspräsidenten heftete jedem einen Lorbeerkranz an die Heldenbrust.

Namen wie *Juha Kankkunen*, *Markku Alén* oder *Keke Rosberg* sind allen Motorsport- und besonders Rallyefans ein Begriff. Der Grund dafür, daß aus Finnland überdurchschnittlich viele exzellente Rallyefahrer kommen, liegt in den schier unerschöpflichen Trainingsmöglichkeiten. Man stelle sich vor: Tausende von Kilometern ungeteerter, kurvenreicher Straßen zwischen Wald und Wasser, in einer für unsere Verhältnisse so gut wie menschenleeren Gegend. Auch das internationale Motorsportbusineß hat Finnland schon vor Jahren entdeckt, und die Tausend-Seen-Rallye lockt jährlich internationale Gaspedal-Koryphäen nach Mittelfinnland.

Manchmal aber kommt dem verblüfften Spaziergänger auf einsamer Waldstraße auch ein Auto mit hundertachtzig Sachen entgegen, an dessen Steuer kein übender Rallyefahrer sitzt. Statt dessen befindet sich auf dem Dach ein samt Brettln festgeschnallter Skifahrer. Bei einem solchen Gespann handelt es sich nicht um einen akuten Anfall von Todessehnsucht oder krankhaftem Schwachsinn, sondern um einen Abfahrtsläufer beim Hochgeschwindigkeitstraining. Diese bis vor kurzem noch wenig bekannte alpine Disziplin wird zumindest bei den Frauen von Finnen beherrscht. Früher war es *Camilla Hackman*, die mit einer Geschwindigkeit von mehr als 210 km/h den Weltrekord hielt. Ihre Landsmännin *Tarja Mulari* verbesserte den Rekord bei der Olympiade 1992 in Albertville, wo Hochgeschwindigkeitsfahren vorerst nur als Schaudisziplin vertreten war, noch auf mehr als 219 km/h.

Eine nicht mehr sehr verbreitete, aber vielleicht die typischste finnische Sportart ist *kyykkä*, eine Art Kegeln mit Holzklötzen. Kyykkä spielt man im Freien, und es sieht sehr gewalttätig aus, wenn vierschrötige Holzfällertypen, aber auch Frauen, viele Kilogramm schwere Klötze über große Distanzen werfen oder schlittern, um kleinere Holzklötzchen über eine Ziellinie zu treiben. Das Spiel hat seine Wurzeln im Milieu der karelischen Waldarbeiter – was lag näher, als das im Überfluß vorhandene Material Holz auch zum Spielen zu verwenden? Kyykkä ist im Aussterben begriffen, die jüngeren Generationen spielen lieber Squash, Golf oder Tennis und haben kaum noch

Interesse am Spiel der einsamen Waldschrate. Es gibt aber immer noch eine ganze Reihe Kyykkä-Clubs, die der Tradition die Stange halten.

Auch der Orientierungslauf ist eine Sportart, die sich aus einer alltäglichen Notwendigkeit heraus entwickelt hat. Sich mit maximaler Geschwindigkeit zu Fuß und mit dem Kompaß in der Hand durch unwegsames Wald-, Sumpf- und Seengebiet zu bewegen, ist erst seit relativ kurzer Zeit nur noch der Ehrgeiz einiger Sportler. Früher mußten die Jäger und Fallensteller auf diese Weise ihr Brot verdienen, in der Regel hatten sie dabei nicht einmal einen Kompaß zur Verfügung.

Finnische Meisterschaften gibt es auch im «Auf-einem-Baumstamm-stehend-die-Stromschnelle-Hinabfahren». Auch dies ist eine Sportart, die eigentlich keine ist, sondern ein ganz normaler, inzwischen aber aussterbender Beruf, nämlich der des *tukkijätkä,* des Flößers, der Holz über die verschlungenen finnischen Inlandswasserwege zum Meer bringt, von wo es verschifft wird.

Daß das Rudern in Finnland eine Unzahl von fleißig übenden Adepten hat, wird bei der eingangs erwähnten Anzahl von Seen wohl niemanden wundern. *Pertti Karppinen* war in den vergangenen Jahren immer dabei, wenn es um die Verteilung olympischer Medaillen ging. Inzwischen aber hat er die Riemen an den Nagel gehängt, und adäquater Nachwuchs läßt bislang noch auf sich warten. Rudern ist auch heute noch für viele Finnen keine Sport-, sondern eine Fortbewegungs- und Transportart. Früher, als das nächste Kirchdorf oft noch viele Kilometer entfernt und nur auf dem Wasserweg zu erreichen war, gab es sogenannte *kirkkoveneet,* Kirchenboote, schmale, langgezogene Ruderboote, in denen ganze Dörfer mit gemeinsamen Kräften zum sonntäglichen Gottesdienst pullten. Auch heute noch veranstalten viele Gemeinden Ruderwettbewerbe mit diesen Kirchenbooten.

Ein besonderes, jeden Sommer stattfindendes Ereignis ist *Suomi juoksee,* «Finnland läuft». Dabei handelt es sich um einen Stafettenlauf vom äußersten Zipfel Nordlapplands bis hinunter nach Helsinki, über etwa 1600 Kilometer, die in rund drei Wochen zurückgelegt werden. Jeder Läufer, der etwas auf sich hält, nimmt an einem Abschnitt dieses Staffellaufs teil. Und jede Frau, die in der Nähe von Helsinki wohnt und etwas auf sich hält, ist beim *naisten kymppi,* beim «Frauen-Zehner», dabei, einem jeden Sommer in der Hauptstadt abgehaltenen Zehntausendmeterlauf, bei dem es nicht aufs Gewinnen ankommt, sondern nur aufs Geschlecht – Männer dürfen nicht mitmachen. Wer die Ziellinie erreicht, bekommt eine rote Rose.

So mancher wird sich noch an die großen finnischen Namen aus dem Bereich der Leichtathletik erinnern. Früher waren es besonders die Mittel- und Langstreckenläufer, die Finnland internationale sportliche Geltung brachten. *Paavo Nurmi* etwa, dessen Kopf auf dem finnischen Zehnmarkschein zu bewundern ist, und *Lasse Virén* waren die bekanntesten Vertreter der schwitzenden, trabenden Zunft.

Auch der langjährige finnische Staatspräsident *Urho Kekkonen* betätigte sich als Leichtathlet, bevor er sich ganz der Politik verschrieb. Er war in jungen Jahren finnischer Meister im Hochsprung. Und erst 1991 war es der Finne *Kimmo Kinnunen,* der seinem Landsmann *Seppo Räty* den Weltrekord im Speerwerfen abnahm.

Das finnische Nationalspiel heißt *pesäpallo,* eine Abart des Baseball. Pesäpallo heißt wörtlich übersetzt Nestball und wurde in den zwanziger Jahren von einem Herrn namens *Lauri Pihkala* erfunden, genauer gesagt, auf finnische Verhältnisse getrimmt, um die Jugend des Landes vor dummen Gedanken zu bewahren.

Seit einigen Jahren erfreut sich auch Golf als statusträchtiges Spiel steigender Beliebtheit in finnischen Yuppiekreisen. Da aber das Klima nicht unbedingt ideal ist für diese Form der Freizeitbeschäftigung, verfügen viele Golfplätze hier über eine Bodenheizung, so daß sie auch während der Wintermonate bespielbar sind. Und wo es keine Heizung gibt, da verwendet man zumindest dunkle Bälle, die im Schnee leicht wiederzufinden sind. In der Nähe von Tornio in Lappland liegt übrigens der einzige Golfplatz der Welt, der sich über eine Staatsgrenze hinweg erstreckt. Ein Teil davon liegt auf schwedischem, ein Teil auf finnischem Territorium.

Aus naheliegenden Gründen gibt es in Finnland besonders viele Wintersportarten. Und es gibt so gut wie keinen Finnen, der nicht hervorragend Schlittschuhlaufen kann. Schlittschuhlaufen steht in jeder finnischen Grundschule während des Winterhalbjahrs auf dem Stundenplan, für die Mädchen in Form von Eiskunstlauf, für die Jungs in Form von Eishockey. Die Natur macht es den Eissportlern leicht, denn im Winter wird aus jedem Fußballplatz fast ohne menschliches Zutun ein Eishockeyfeld. Im Spätherbst sieht man auf finnischen Sportplätzen meist einen Mann mit einem Schlauch beim Besprengen des Rasens. Dies tut er an mehreren Tagen hintereinander, und der Nachtfrost sorgt dann dafür, daß sich schon kurz darauf Schulklassen auf einer spiegelglatten Eisfläche tummeln können, die von November bis März hält.

Finnische Langläufer durcheilen winters zu Tausenden die Wälder, und auch im Sommer sieht man sie oft beim Training; mit ihren Rollskiern gleiten sie sogar auf den Standstreifen der wenigen Autobahnen, die es hier gibt. Medaillen für Finnland haben unter anderem *Marjo Matikainen* und das unermüdlich langlaufende Ehepaar *Harri* und *Marja-Liisa Kirvesniemi* errungen.

Für Ästheten bestimmt die schönste finnische Wintersportart sind die fast in jeder Stadt ausgerichteten *lumiveistoskilpailut,* die Schneeskulpturwettbewerbe. Dann stehen in finnischen Parks plötzlich riesige Dinosaurier und Märchenburgen aus Schnee, und in den folgenden Wochen kann man beobachten, wie sie durch Staub, Ruß und Autoabgase langsam grau werden, bis sie aussehen, als wären sie aus Stein gehauen.

Die Skispringer waren in den letzten Jahren mit Abstand die international erfolgreichsten finnischen Sportler. Erst war es *Matti Nykänen*, der aus Calgary goldbehängt zurückkam (inzwischen versucht er sich mit eher mäßigem Erfolg als Popsänger), dann *Toni Nieminen,* der erst sechzehnjährig die Vierschanzentournee und dann auch noch olympisches Gold in Albertville gewann und die Spitze der Weltrangliste erklomm.

Jeden Winter findet in Finnland ein Ereignis statt, das die Herzen der Angelfreunde höher schlagen läßt: die Meisterschaften im Eislochfischen. Wer Finnland im Winter besucht, sollte sich dieses Spektakel, den *pilkkimiskilpailu,* nicht entgehen lassen. Es ist ein denkwürdiger Anblick, wenn Tausende Angler dicht an dicht auf der (natürlich vorher von den Behörden auf ihre Festigkeit geprüften) Eisdecke sitzen, ein jeglicher vor seinem selbstgebohrten Loch, und auf Beute warten. Bis jetzt ist es dabei noch nicht zu Masseneinbrüchen gekommen, aber wer die Bilder im Fernsehen gesehen und das beunruhigende Knacken des Eises gehört hat, kann sich eines mulmigen Gefühls nicht erwehren.

Es ist sicher kein Zufall, daß international bekannte finnische Sportlerinnen und Sportler Medaillen meistens in Individualdisziplinen erringen. Die finnischen Skispringer, die Rallye- und Formel-Eins-Piloten, die Ruderer, die Leichtathleten und Skilangläufer – sie alle haben außer ihrer Nationalität eines gemeinsam: Sie kämpfen allein. Die einzige Mannschaftssportart, in der die Finnen international relativ gut im Rennen liegen, ist Eishockey. Aber auch hier gibt es Probleme, denn dummerweise ist Eishockey ein Spiel, bei dem es überall auf der Welt um viel Geld geht – außer in Finnland. Gute finnische Eishockeyspieler sind ein beliebter Exportartikel und ziemlich leicht abzuwerben, weil sie im Ausland locker das Zehnfache verdienen können. Die Besten spielen vor allem für Clubs in Kanada und den USA.

Außer Eishockey gibt es hier auch noch einige andere Sportarten, bei denen Spieler auf Schlittschuhen ein Objekt mit Schlägern ins gegnerische Tor zu bugsieren versuchen. Zwei davon seien hier genannt: Eisball, auch Bandy genannt, wo anstatt eines Pucks ein Ball geschlagen wird, und *ringis,* das meist von Frauen gespielt wird. Beim Ringis ist der Schläger ein gerader Stock und statt eines Balls oder Pucks ist es ein Ring, den man der anderen Mannschaft ins Netz schleudern muß.

Das Phänomen des sportlichen Einzelkämpfertums in Finnland hängt wohl mit dem *sisu* zusammen, einer Charaktereigenschaft, die sich die Finnen selbst zuschreiben. Sisu läßt sich nur schwer in andere Sprachen übersetzen. Im Wörterbuch heißt es: Ausdauer, leidenschaftliche Zähigkeit, verbissene Energie, Standhaftigkeit, Unentwegtheit, Verbissenheit. Eben einsam gegen den Rest der Welt. Und diesen Sisu muß man wohl auch heranziehen, um einige ganz besondere sportliche Leistungen von Finnen zu erklären. Vertreter dieses nordischen Volkes haben es in recht merkwürdigen Disziplinen zu Weltrekorden im Guinness-Buch gebracht: Ein Finne ist amtierender Weltmeister im Stiefelweitwurf, ein anderer hat die meisten Stunden nackt auf einem Ameisenhaufen sitzend verbracht, wieder ein anderer hält den Weltrekord im Auf-allen-Vieren-Gehen; kein Volk der Welt hat so viele Menschen in einen Reisebus quetschen können wie die Finnen, ein Finne ist Meister im Autoschieben (wofür er zweifellos einen Umweltpreis verdient hätte), und auch der offizielle Weltrekord im Dauerhändeschütteln ist fest in finnischer Hand.

Das Abenteuer Goldwaschen lockt. Es ist nicht nur die Hoffnung auf schnellen Reichtum, sondern Freiheitsbedürfnis und Naturverbundenheit, die Menschen wie diesen Lehrer Sommer für Sommer zwei Monate in der Wildnis des Lemmenjoki-Nationalparks verbringen läßt.

Oben:
Die eigene Insel als Rückzugsort für Sommernachtsträume. Am Saimaa-See.
Unten:
Auf Schlauchbootfahrt in Karelien.

Oben:
Vollbepackter Wanderertransport ins Hinterland des Lemmenjoki-Nationalparks.
Unten:
Kreativität im Wald. Abgeschiedenes Wohnen ist eine verbreitete Lebensform in Finnland und setzt künstlerischer Entfaltung eigene Akzente.

«Stillgeschäftliche» Einrichtung für rationellen Betrieb, hier allerdings stillgelegt.

Von oben nach unten:
– Gold. Das Ergebnis wochenlanger Arbeit.
– Alte Häuserzeile in Porvoo/Borgå
– Spiegelung, die einen schönen Ausblick vermuten läßt.
– Kirchenfassade in Tornio.
– Zweisprachigkeit in Lappland. Saamisch ist hier die zweite Sprache (in den Augen einiger die erste), im Gegensatz zum Süden, wo Schwedisch diesen Platz einnimmt.
– Sag's durch die Eisblumen . . .
– Die wichtigste gesellschaftliche Einrichtung, die Sauna, in Finnland strikt getrennt nach Männlein und Weiblein.
– Am Inarisee.

Oben:
Verschiebung einer Rentierherde in ein nahrungsreicheres Gebiet. Tiefer Schnee oder wie in diesem Falle Vereisung der Schneeoberfläche macht diesen domestizierten Tieren oft zu schaffen.
Unten:
Feldbestellung im Südwesten.

Oben:
Auf dem Saimaa-See bei Lappeenranta. Die weither geflößten Stämme liegen zur Verarbeitung bereit.
Unten:
Trotz gewisser klimatischer Nachteile produziert die finnische Landwirtschaft etwa das, was auch in Mitteleuropa möglich ist. Hier Raps nördlich von Helsinki.

Blick aus einem Museumsfenster in Kristiinankaupunki/Kristinestad.

Mentalität – Was denkt der Elefant von mir?

«A schön's Land mit komische Leut!»
(Ein in Finnland ansässiger Österreicher über seine Wahlheimat)

Über die finnische Mentalität macht sich wahrscheinlich niemand so viele Gedanken wie die Finnen selbst. Bestimmt interessiert sich auch niemand so sehr dafür. Auf jeden Fall ist die Diskussion darüber, «wie wir sind», seit Jahren ein Dauerbrenner in den finnischen Medien. Am besten kann man diese unablässige Nabelschau wohl mit einem finnischen Witz veranschaulichen:

Ein Deutscher, ein Franzose und ein Finne sind in Kenia auf Safari. Sie treffen auf einen Elefanten. Der Deutsche denkt: «Wieviel Geld könnte ich wohl verdienen, wenn ich den Elefanten erlege und das Elfenbein verkaufe?» Der Franzose denkt: «Oh, was für ein wunderschönes Tier! Was für ein herrliches Tier!» Der Finne versteckt sich hinter dem nächsten Busch und denkt: «Um Himmels willen, was denkt der Elefant wohl von mir?»

Natürlich sind Verallgemeinerungen hinsichtlich der Charaktereigenschaften eines Volkes immer ungerecht, und ich möchte mich schon im voraus bei allen entschuldigen, denen ich Unrecht tue, wenn ich «die Finnen» über einen Kamm schere. Es gibt aber Wesenszüge, denen man hier so häufig begegnet, daß man sie wohl oder übel als finnische Mentalität betrachten muß.

Als erstes fällt dem Ausländer an den Finnen die Art auf, wie sie soziale Kontakte untereinander pflegen. Oft schlägt da noch die ländliche Vergangenheit durch. Urbane Kultur gibt es in Finnland ja erst seit relativ kurzer Zeit. Früher lebte man auf einem Hof, der nächste Nachbar war meist viele Kilometer entfernt, man traf ihn, wenn es hoch kam, einmal wöchentlich auf dem Markt oder in der Kirche. Auch heute noch kommt man in Finnland nicht einfach so zu Besuch, wenn man gerade in der Nähe ist. Man meldet sich vorher telefonisch an und fragt, ob es in Ordnung ist, am nächsten Nachmittag vorbeizukommen. In den Jahren, die ich hier verbracht habe, kamen kein einziges Mal spontane Besucher, obwohl ich einen weiten Bekanntenkreis habe. Man kommt nicht einfach hereingeschneit, das ist eine Verletzung der Intimsphäre. Vor solchen Verletzungen schützt man sich unter anderem dadurch, daß in den meisten finnischen Häusern der Hausmeister um 20 Uhr die Eingangstür abschließt und es außen fast nie eine Klingel gibt.

Überhaupt ist der private Tabubereich der Finnen weit größer, als man das aus dichter besiedelten Ländern gewohnt ist. Wer zum Beispiel eine finnische Wohnung betritt, zieht sich sofort und ungefragt die Schuhe aus, nicht nur, um die Teppiche zu schonen, sondern auch als kleines Ritual, das zeigt: «Ich bin jetzt bei dir zu Gast und unterwerfe mich deinen Regeln.»

Es gibt viele Dinge, die einen Ausländer in Finnland staunen lassen, die, wenn man sie nicht versteht und den geheimen Code nicht dechiffrieren kann, unfreundlich und schroff wirken. Man grüßt grundsätzlich keine Unbekannten, das ist unhöflich. Nachbarn können jahrelang Wand an Wand wohnen, ohne sich je guten Tag gesagt zu haben – das muß aber nicht in einem anonymen Riesenwohnblock sein, auch ein Zweifamilienhaus reicht schon. Ein weiteres Paradebeispiel ist der Augenkontakt. Der wird in Finnland nämlich vermieden. Wer hier einen vollen Aufzug betritt, wird feststellen, daß niemand eine lockere Bemerkung macht und daß die Blicke aller Fahrgäste starr zu Boden gerichtet sind. Wildfremden Menschen ins Gesicht zu schauen, gilt als Affront. Man versucht, immer den größtmöglichen Abstand zu seinem Mitmenschen einzuhalten. Finnen verfügen über die virtuose Fähigkeit, sich in einem Bus so hinzusetzen, daß jeder maximal weit vom anderen entfernt ist.

Man hat Untersuchungen über den durchschnittlichen Sprechabstand in verschiedenen Sprachregionen angestellt. In Mitteleuropa liegt dieser bei etwa 40 cm. In Finnland sind es über 70 cm, und wer sich mit einem Finnen oder einer Finnin unterhält und diese 70 cm unterschreitet, darf sich nicht wundern, wenn ihn sein Gegenüber als potentielle Bedrohung empfindet und indigniert zurückweicht.

Eine gewisse Temperamentlosigkeit und einen ausgeprägten Konservativismus kann man den Finnen attestieren. Sehr viele von ihnen sind extrem einsilbig und werden von den etwas weniger einsilbigen *juntti* genannt, was frei übersetzt etwa «Hinterwäldler» oder «Landpomeranze» bedeutet. Wir Finnen sind eben Junttis, heißt es zum Beispiel, wenn ein international bekannter Rockstar nicht in eine Kneipe darf, weil er Jeans trägt und der Türsteher Order hat, Jeansträger aus der Schlange der Wartenden herauszufiltern. Kleidung und äußerliche Symbole werden in der finnischen Gesellschaft sehr ernst genommen.

Sprichwörter und Redensarten sagen oft viel über den Charakter eines Volkes, was sonst nur kompliziert in Worte zu fassen wäre. Hier einige Kostproben finnischer Selbsteinschätzung: «Ein Finne antwortet, wenn er nicht gefragt wird, fragt, wenn es keine Antwort gibt und antwortet nicht, wenn er gefragt wird.» – «Am wohlsten fühlen wir uns, wenn wir betrunken in der dunklen Sauna sitzen und über den Tod reden.» – «Auch aus einer Rotznase wird einmal ein Mann, aber niemals aus einem, der grundlos lacht.»

Auffallend ist auch, daß sich der Geschmack der Finnen stark ähnelt. Moden setzen sich, wahrscheinlich wegen der geringen Bevölkerungszahl, sehr schnell in allen Gesellschaftsschichten durch. Wenn ein finnisches Mädchen mit einem roten Quast an der Mütze die Hauptstraße in Helsinki entlanggeht, kann es gut passieren, daß einen Monat später jedes zweite weibliche Wesen unter fünfundzwanzig einen solchen Quast an der Mütze hat. In Finnland ist es auch noch einfach, durch sein Äußeres zu provozieren. Wer sich die Haare violett färbt und einen Knochen im Ohr oder einen Nasenring trägt, ruft hier weit heftigere Reaktionen hervor als in Rom, Berlin oder London.

Noch bevor ich das erste Mal in Finnland war, erzählten mir finnische Bekannte, ihr Volk leide unter einem nationalen Minderwertigkeitskomplex. Seit ich hier lebe, sehe ich zwar fast täglich, daß diese Behauptung stimmt, allerdings auch ein starkes Gegengewicht hat. Einerseits fühlen sich Finnen anderen europäischen Nationalitäten geistig und kulturell unterlegen und sind begierig darauf, sich in «europäischer» Lebensart zu üben. Die Werbung ist voll mit Hinweisen auf das, was hier als die große weite Welt gilt, angefangen vom Euro-Essen über Euro-Benzin bis zum Euro-Sex. Ein Finne, der seine Ferien in Italien oder Spanien verbringt, verabschiedet sich meist mit den Worten «Ich fliege nach Europa» – als ob Finnland in Asien läge. Andererseits sind aber fast alle Finnen ausgeprägte Nationalisten, erstaunlicherweise auch weitgereiste

Kosmopoliten und die Inter-Rail-Generation. Sie halten ihre einheimischen Produkte für die besten der Welt, ihr Land für das schönste und reagieren äußerst allergisch auf etwaige Kritik durch Ausländer. Vor jedem Haus in Finnland steht ein Fahnenmast, an dem der *talonmies*, der Hauswart an von der Regierung festgesetzten Tagen das blaue Kreuz auf weißem Grund hißt; zum Beispiel am Tag des Nationaldichters, am Tag des Nationalepos, am Tag der Kriegsveteranen, am Tag der Gefallenen, am Unabhängigkeitstag und am Vatertag.

Schüchternheit und Understatement sind in Finnland eine Art Volkssport. Protzen und Prahlen dagegen gelten als schlimme soziale Sünden. Wenn jemand einen neuen Pullover hat und ein anderer sagt: «Einen tollen Pullover hast du da gekauft!» dann gehört es sich, daß der erste antwortet: «Was? Dieser Fetzen? Der ist doch schon alt, gar nichts Besonderes. Und spottbillig war er auch!»

Interessant ist auch der Umstand, daß Körperverletzung und physische Gewalt in Finnland mit beachtlichem Abstand die Kriminalstatistik anführen – und in fast allen Fällen ist Alkohol im Spiel. Eigentumsdelikte kommen erst an zweiter Stelle. In Deutschland beispielsweise ist dieses Verhältnis umgekehrt.

Bisweilen kommt es, was Gewalt angeht, zu glattweg akrobatischen Leistungen. So gab es etwa Anfang 1992 eine kleine Notiz in einigen finnischen Zeitungen, die von vier gut befreundeten Männern berichtete. Das Quartett hatte sich übers Wochenende in ein Sommerhäuschen zurückgezogen, um sich dem Trinken und Kartenspielen hinzugeben. Die vier verfügten über ein Messer, wohlgemerkt, ein einziges Messer. Es kam zum Streit, infolgedessen am nächsten Morgen alle vier mit zum Teil schweren Stichverletzungen in stationäre Behandlung mußten – ein rührendes Beispiel von Sportgeist und Fair play.

Im Mai 1992 ereignete sich ein Zwischenfall, der deutlich zeigt, daß oft schon ein geringfügiger Anlaß genügt, um einen finnischen Kragen platzen zu lassen: Zwei Männer saßen auf der Terrasse eines Restaurants in Tampere und tranken Bier. Der eine bestellte sich eine Bratwurst, und sein Freund biß davon ab. Weil aber das abgebissene Stück in den Augen des Bratwurstbesitzers unverschämt groß war, schritt dieser zu physischer Bestrafung – mit der Folge, daß sein Freund am nächsten Tag seinen Verletzungen erlag.

Eine der zahlreichen Theorien, wo die Gründe für die Neigung der Finnen zu Gewalttätigkeit und für ihr auffälliges Verhältnis zum Alkohol liegen könnten, zieht die Reformation in Deutschland und ihren Import nach Finnland heran. Vermutlich stellen das menschenfeindliche Klima, die monatelange Dunkelheit im Winter und die nahezu monopolisierte protestantische Ethik mit der freudlosen Maxime «ora et labora», bete und arbeite, genau die explosive Mischung dar, die viele Finnen wochenlang redlich und fleißig arbeiten läßt, ohne zu murren und ohne dem Nachbarn guten Tag zu sagen, bis sie sich dann plötzlich, scheinbar ohne ersichtlichen Grund, bis zur Unkenntlichkeit betrinken, nicht am Arbeitsplatz erscheinen, ihre Ehepartner prügeln und ihre aufgestauten Aggressionen anderweitig abreagieren. Für diese die Religion bemühende Theorie spricht auch die Weise, in der Finnen fluchen. Die meisten Kraftausdrücke bemühen den Beelzebub, Teufel oder Satan.

Eine andere geläufige Erklärung für die Schroffheit der Finnen ist die Kürze ihrer Geschichte. Als in Mitteleuropa schon seit dem frühen Mittelalter Städte gegründet wurden, gab es in Finnland nur Wald, Torf- und Teerherstellung. Wer heute als Ausländer in Helsinki ankommt, sieht eine High-Tech-Hauptstadt mit nahezu perfekter Infrastruktur, das Telefonnetz und der Geldverkehr sind beinahe völlig digitalisiert. Die Bewohner aber sind nur äußerst selten wirkliche Städter, fast alle kommen aus ländlichen Gebieten, und wenn schon nicht sie selbst, dann doch mindestens die Generation vor ihnen.

Die Aggression vieler Finnen richtet sich nicht nur nach außen, sondern auch gegen sich selbst. Finnland führt zusammen mit Ungarn die Selbstmordstatistik an. Da drängt sich die Vermutung auf, daß es zwischen diesen beiden Völkern außer einer linguistischen auch noch eine mentale Verwandtschaft gibt. 1990 gab es in Finnland 1500 geglückte Suizide und 1300 alkoholbedingte Todesfälle. Bei einer Gesamtbevölkerung von fünf Millionen heißt das, daß sich pro Jahr einer von 3333 Finnen umbringt. Besonders gefährdet sind laut Statistik Männer im Alter zwischen 25 und 44 Jahren.

In ihren sozialen Lebensformen sind die Finnen im Vergleich zu den übrigen europäischen Ländern zehn bis zwanzig Jahre im Rückstand. So sind zum Beispiel Wohngemeinschaften, wie sie in Frankreich, England oder Deutschland längst üblich und als Modell des Zusammenlebens inzwischen auch gesellschaftlich anerkannt sind, hier kaum bekannt. Viele Finnen nennen Wohngemeinschaften immer noch «Kommune» oder «Kolchose» und sie haben den Eindruck, es handle sich dabei um Brutstätten von Anarchie und pornographischen Exzessen. Man hat hier nicht den Drang, kollektive Aktivitäten zu suchen, im Gegenteil, das verbreitetste Ideal besteht immer noch darin, sich möglichst früh zu verheiraten, Kinder zu bekommen und sich in eine hübsche, kleine Wohnung zurückzuziehen. Alternative Lebens- und Arbeitsformen, wie sie anderswo schon lange praktiziert werden, sind hier erst im Begriff sich zu etablieren, was anderswo längst Alltag ist und ganze Industriezweige beschäftigt wie etwa biologische Ernährung, hat hier immer noch den Ruch des Subversiven.

Ausländische Besucher beschweren sich in Finnland meist über den schlechten Service, der ihnen in Hotels, Restaurants und an ähnlichen Orten zuteil wird. Das hat vermutlich mit *herrojenviha* zu tun, dem Herrenhaß der Finnen. Jemandem zu dienen, ist ein Verstoß wider die Menschenwürde, und der finnische Dienstleistungssektor verdient diesen Namen eigentlich nicht. Beim Frühstück im Hotel, auch wenn es das teuerste am Platze ist, hat man selbst für eine Tasse zu sorgen, finnische Ärzte machen grundsätzlich keine Hausbesuche, der Patient ist selbst für seinen Transport ins Krankenhaus zuständig; wenn er in sehr schlechter Verfassung ist, muß er eben die Ambulanz anrufen.

Auch das Duzen, das in Finnland seit einigen Jahren Furore macht, könnte mit diesem Herrenhaß zu tun haben. Zwar gibt es im Finnischen das «Sie», aber es wird praktisch von niemandem mehr benutzt. Es gehört zum guten Ton und zur Zivilcourage, alle zu duzen, auch und gerade Personen, die Macht über einen haben.

Finnland ist aus geopolitischen Gründen noch nie ein traditionelles Einwanderungsland gewesen. Eine Forscherin auf dem Gebiet der vergleichenden Epidemiologie hat mir erzählt, Finnland sei ein Paradies für ihresgleichen. Hier sei es noch möglich, große Teile der Population über mehrere Generationen hinweg zu verfolgen, weil es kaum Zu- und Abwanderung und so gut wie keine interkulturellen Mischehen gebe.

Ausländer sind hier immer noch eine Seltenheit. Anfang 1992 waren bei der Fremdenpolizei gerade 38 000 hier ansässige Bürger anderer Staaten registriert, die meisten davon kommen aus der ehemaligen Sowjetunion und aus anderen nordischen Ländern, mit denen Finnland ein Paßabkommen hat. Die Öffnung zum übrigen Europa, die Finnland bevorsteht, wird von vielen mit Argwohn betrachtet. Man fürchtet, das Land werde, wenn es erst Mitglied in der Europäischen Gemeinschaft ist, von einer Einwanderungswelle überschwemmt und die Gesellschaft überfremdet. Zur Verteidigung der Finnen kann man immerhin anbringen, daß es hier im allgemeinen keinen Ausländer*haß* gibt, sondern eher Xenophobie, *Angst* vor Fremden. Viele Finnen haben ein zwiespältig-distanziertes Verhältnis zu Ausländern: Der eigene Minderwertigkeitskomplex läßt sie diese oft aus geradezu lächerlichen Gründen bewundern, gleichzeitig hat man aber auch Angst davor, übervorteilt, für dumm verkauft oder sonstwie gedemütigt zu werden.

Als sprachlich und sozial integrierter Ausländer bekommt man in Finnland oft Sätze zu hören wie: «Ist es für dich nicht furchtbar, hier zu leben? Hier gibt es keine Kultur, wir sind unfreundlich, wir beherrschen nicht die Kunst des Small talk und wir saufen zuviel. Nicht wahr, wir sind schrecklich.» Für den Ausländer gehört es zum guten Ton, beschwichtigend einzulenken und zu behaupten, all dies sei ja gar nicht wahr. Abgesehen davon, daß es eben doch weitgehend zutrifft, kann man aber auch durchaus sympathische Züge an der finnischen Mentalität finden: Was soll denn schlecht daran sein, daß ein Finne den Mund hält, wenn er nichts zu sagen hat, anstatt stundenlang belanglose Bemerkungen übers Wetter zu machen? Und die finnische Unfreundlichkeit hat auch Vorteile: Wenn ein Finne etwas sagt, kann man davon ausgehen, daß er es auch wirklich so meint, anstatt mit Euphemismen um sich zu werfen und seine wahre Meinung hinter höflichen Phrasen zu verstecken.

Mit Abstand das wichtigste Statussymbol eines Finnen ist seine Wohnung. Eine Wohnung mietet man nicht, man kauft sie, und zwar selbstredend zu astronomischen Preisen. Mietwohnungen sind hier die Ausnahme, und wer in einer solchen lebt, wird von Kollegen und Bekannten dafür oft bemitleidet. Der Normalfall ist, daß man sich jahrelang unter Verzicht auf Urlaub, Restaurantbesuche und andere Freuden krummlegt um etwas Kapital anzusparen, dann von der Bank einen Kredit bekommt und sich danach zehn, zwanzig oder gar dreißig Jahre lang um so krummer legt, um diesen abzustottern. Treffend ist der Ausdruck *«olen pankin kanssa naimisissa»*, «Ich bin mit der Bank verheiratet». Tatsächlich gehört ein Großteil der finnischen Eigentumswohnungen in Wirklichkeit einer der Handvoll Banken, die in friedlicher Eintracht gemeinsam den größten Teil des Kapitals besitzen.

Damit nun nicht der Eindruck entsteht, ich ginge mit der finnischen Mentalität allzu streng oder unfair ins Gericht, möchte ich noch zwei Finnen selbst zu Wort kommen lassen, als ersten *Prof. Dr. Jorma Palo,* Chefarzt der Universitätsklinik in Helsinki. Er hat mehr als einmal sein scharfzüngiges Scherflein zur öffentlichen Diskussion um den Charakter der Finnen beigetragen. Hier einige Auszüge aus einem Artikel namens «Im Land der Stummen schaut man sich nicht an und hört einander nicht zu» von Professor Palo, erschienen in der November-Monatsbeilage 1990 von *Helsingin Sanomat*, den Helsinkier Nachrichten, Finnlands auflagenstärkster Tageszeitung:

«Schweigsamkeit ist dem finnischen Volk die teuerste Eigenschaft. So mancher strebt nach Vollkommenheit und schweigt ewig oder krönt seine jahrelange Sprachlosigkeit mit einem Selbstmord. (...) Mit Gefühl sollte man auf nichts reagieren, denn emotionale Typen sind verdächtig. Deswegen kann und darf man über nichts reden, auf keinen Fall über das Gehalt, über die politische Meinung und auch nicht über Familienangelegenheiten. Der Finne trägt seine Bürde und hält den Mund. (...) Nach finnischer Tradition ist Eitelkeit gefährlich. Das zerstört das Individuum, aber die Furcht davor zerstört das Selbstwertgefühl. Ihr schlechtes Selbstwertgefühl korrigieren die Bürger, indem sie voneinander Porträts malen lassen, Ehrenabzeichen austeilen und kostenpflichtige Titel, an denen der Staat verdient. (...) Ja, und indem sie oft viel Schnaps trinken. Den Schnaps verkauft der Staat, denn nur der Staat weiß, wieviel Schnaps der Mangel an Selbstwertgefühl der Finnen erfordert. Auch so mancher Bürger möchte das gern wissen, aber das kann er nur erfahren, indem er nach Dänemark oder weiter reist, wo man den Schnaps im gleichen Laden wie das Brot kaufen kann.

Die Finnen bemühen sich sehr um das Finnlandbild. Sie erwarten ständig, daß von ihrem Land überall auf der Welt gesprochen und geschrieben wird. Wenige wissen, daß nur wenige von Finnland überhaupt etwas wissen. Was man weiß, ist, daß Finnland sehr weit weg ist und daß es dort sehr kalt ist.

Die Bücher sind mit einer Umsatzsteuer belegt, damit nicht zuviel gelesen wird. Die Begeisterung ausländischer Künstler ertränkt man in der Quellensteuer. Kongreßgäste flüchten, wenn die Zeit der Lunchrechnung anbricht. Finnische Filme werden auf Festivals als Stummfilme klassifiziert, weil in ihnen niemand spricht. Ihr beliebtester Held ist ein Arbeitsloser mit faulen Zähnen.

Der gewöhnliche Gemütszustand der Vorbeischauer ist tiefgestimmt. Freudige Nachrichten vermeidet man, denn ihnen traut man nicht, und man gerät leicht in den Ruf, kritikunfähig zu sein. Die Zeitungen veröffentlichen lieber traurige Nachrichten, derer es auch viele gibt. Wer nicht durch Schlägereien oder Unfälle stirbt, ertrinkt besoffen am Ufer seines Sommerhäuschens. Die Nachbarn hören keine Hilfeschreie auf einen Kilometer Entfernung.»

Jetzt noch die zweite, weit mildere finnische Originalaussage zum selben Thema, gemacht von einer Psychologin, die sich viel mit der finnischen Mentalität und Lebensweise befaßt hat:

«Wir Finnen sind auf eine positive Art schüchtern. Wir ziehen nicht aus, um die große Welt zu erobern. Wir sind scheu und neugierig, wir halten Distanz und sind nicht sehr kontaktfreudig. Wenn ich woanders leben würde, wäre Finn-

land das Land, in das ich käme, um mich auszuruhen. Hier ist die Natur relativ sauber, die Luft frisch, und der Lebensrhythmus ist gemächlich, nicht so hektisch wie etwa in Mitteleuropa. Hier kann man atmen. Klar, hier ist es kalt, teuer und oft unfreundlich. Wer hier leben will, muß Durchhaltevermögen haben. Und das finde ich gut an uns, daß wir so zäh sind, daß wir uns hier ganz gemütlich eingerichtet haben. Ja, zäh und vielleicht ein bißchen naiv.»

Erst der Schnaps, dann das Vergnügen

Am Morgen nach der Party:
«Und, wie war's? Hast du dich amüsiert?»
«Ja, es war ein großartiger Abend. Ich erinnere mich an gar nichts.»

(Finnischer Witz)

Die wohl krisensicherste Firma in Finnland trägt den schlichten Namen *ALKO*. ALKO gehört zu hundert Prozent dem finnischen Staat und kontrolliert den Import, die Herstellung und die Abfüllung sämtlicher Alkoholika sowie die Schankrechte aller Restaurants. Damit nicht genug: Auch in der Apotheke gibt es reinen Alkohol nur auf Rezept. Ich selbst habe von einem befreundeten Arzt anläßlich meiner Hochzeit mit einer Finnin ein denkwürdiges Präsent erhalten: eine weiße Plastikflasche, Inhalt 0,5 Liter reiner Alkohol. Ein fürstliches Geschenk, habe ich mir sagen lassen. Übrigens unterliegt auch die Herstellung von Speiseessig der Kontrolle von ALKO, da Essig ja bekanntlich durch einen alkoholischen Gärungsprozeß gewonnen wird.

Einzig und allein in den rund 250 ALKO-Filialen (die z.B. im Norden, in Lappland, so dünn gesät sind, daß man manchmal Hunderte von Kilometern fahren muß) kann man Wein, Schnaps und Bier mit mehr als ca. 4 Prozent Alkoholgehalt kaufen. Seit einigen Jahren gibt es allerdings auch einen ALKO-Postversand, der sich besonders in den strukturschwachen Gebieten des Nordens wachsender Beliebtheit erfreut. ALKO schließt seine Pforten grundsätzlich vor Feiertagen, so daß sich am Mittwoch vor dem Gründonnerstag, vor dem Mittsommernachtsfest und vor den Weihnachtsfeiertagen immer lange Schlangen bilden. Mit dem Slogan *«asioi alkuviikosta – vältät ruuhkat»* (Kauf am Anfang der Woche ein, so vermeidest du Schlangen) fordert ALKO seine Kunden auf, sich schon früh vor Wochenenden oder Feiertagen mit Spirituosen einzudecken – eine merkwürdige Methode, um den Alkoholkonsum der Bevölkerung zu reduzieren.

Schon besser läßt sich dem Problem mit deftiger Preis- und Steuerpolitik beikommen. Ein Beispiel: Eine Flasche mit einem Liter Wodka der billigsten einheimischen Marke namens *Koskenkorva* (Stromschnelle) mit 38 Vol. % gibt es bei ALKO derzeit zum Einheitspreis von 148 Finnmark, das sind etwa 56 DM. 65 Prozent dieser Summe sind Alkoholsteuer, 21,2 Prozent Mehrwertsteuer. Nach Abzug dieser Steuern kostet die Flasche also noch ungefähr 7,85 DM. Der Staat kassiert satte 48,15 DM. Findige Rechner haben ermittelt, daß die Herstellung der Glasflasche fast soviel kostet wie die Produktion des Inhalts. Wohlgemerkt, Koskenkorva ist der billigste in Finnland erhältliche einheimische Wodka, man kann sich leicht vorstellen, daß der Preis eines guten französischen Cognacs oder schottischen Whiskys schwindelnde Höhen erreicht.

Vater Staat ist in der Zwickmühle. Einerseits versucht er, seine mündigen Bürger von der Flasche wegzuerziehen, andererseits ist er auf das Steuereinkommen angewiesen. Und das ist beträchtlich: Der Durst der Finnen brachte dem Fiskus 1990 nicht weniger als 11,7 Milliarden Finnmark, knapp fünf Milliarden DM ein. Bei einer Bevölkerung von fünf Millionen sind das ziemlich genau 1000 DM pro Kehle – Säuglinge, Greise und Abstinenzler mitgerechnet.

1991 errang die Regierung einen Sieg im Kampf gegen den Teufel Alkohol – und schnitt sich damit ins eigene Fleisch. Nach der pünktlich jedes Jahr zum 1. Januar üblichen kräftigen Erhöhung der Alkoholsteuer kauften die Finnen tatsächlich weniger bei ALKO ein. Folge: Der Staat kassierte etwa 200 Millionen Finnmark weniger Steuern.

Die Burg Olavinlinna in Savonlinna ist die am besten erhaltene Festung Finnlands. Allsommerlich werden hier die Opernfestspiele abgehalten.

Kirche in Tornio, die mit ihrer Architektur an die russische Nachbarschaft erinnert.

Hüttenromantik auch in unmittelbarer Nachbarschaft von Hochtechnologie. Aussichts- und Telekommunikationsturm in Kuopio.

Oben:
Für die Entstehung und Formgebung des klassizistischen Domes zeichnet nicht ein finnischer, sondern ein preußischer Architekt (Carl Ludwig Engel) verantwortlich.
Unten:
Mit den Fähren gelangt man bis in Helsinkis Zentrum, wo sie bemerkenswerte Kontraste betreffend Größenverhältnissen schaffen.

Oben:
Hvittrask ist ein Werk des Architektentrios Eliel Saarinen, Herman Gesellius und Armas Lindgren. Hier haben sie gewohnt, gearbeitet und Pläne für bekannte Gebäude entworfen, z. B. für Helsinkis Hauptbahnhof.
Unten:
Das Sibelius-Denkmal von Eila Hiltunen in Helsinki.

Oben:
Finnische Sommerhausgemütlichkeit.
Unten:
Museum in Kristiinankaupunki/Kristinestad. Es beherbergt die reichhaltige Kunst- und Kunsthandwerksammlung der Kaufmannsfamilie Lebell aus dem 18. Jh.

Oben:
In der größten Holzkirche der Welt, die in Kerimäki in Südost-Finnland steht.
Unten:
Temppeliaukio, die Felskirche in Helsinki, die Ende der sechziger Jahre mit Sprenggedonner in den Granitgrund gesenkt wurde.

Eine Detailansicht am Sibelius-Denkmal.

1989 tranken die Finnen durchschnittlich 7,6 Liter reinen Alkohol pro Kopf. Das ist deutlich weniger als die 13,4 Liter der Franzosen oder die 10,4 Liter der (damals noch unvereinten) Bundesdeutschen. Trotzdem sieht man in Finnland wesentlich häufiger Betrunkene durch die Straßen torkeln oder im Stadtpark ihren Rausch ausschlafen. Der Grund für diese scheinbare Unstimmigkeit liegt in den anderen Trinkgewohnheiten. Ein Glas Wein oder ein Bier zum Essen – solche zivilisatorischen Feinheiten werden hier nur von ganz wenigen kultiviert. Wenn getrunken wird, dann aber richtig. Besonders das Wochenende wird traditionell mit einem kräftigen Rausch begrüßt. Beredtes Zeugnis hiervon legt der finnische Begriff *perjantaipullo* ab, die «Freitagsflasche». Finnische Slangwörterbücher bestehen zur Hälfte aus Ausdrücken, die das Trinken, den Katzenjammer, den Filmriß oder das Sichübergeben nach zügellosem Genuß illustrieren.

Finnische Ärzte schlagen sich öfter als ihre mitteleuropäischen Kollegen mit dem Phänomen der Dipsomanie herum, der periodisch auftretenden Trunksucht, im Volksmund auch Quartalssaufen genannt. Bekannt sind die Anekdoten von Familienvätern, die mal eben Zigaretten holen gehen und nach zwei Wochen hoffnungslos verwahrlost und verschuldet vom Arm des Gesetzes zurückgebracht werden.

Das leidige Problem der Alkoholbeschaffung treibt auch Finnlands Kriminelle zu sportlichen Höchstleistungen an: Anfang 1991 brachen bisher unbekannte Täter in eine ALKO-Filiale in der Stadt Outokumpu ein und entwendeten 4000 Flaschen Koskenkorva, eine stattliche Lieferwagenladung. Dieser Einbruch ist bei weitem kein Einzelfall, Schnaps ist in Finnland so wertvoll wie bares Geld, denn am Wochenende ist es absolut unmöglich, irgendwo legal Hochprozentiges zu kaufen. Wer sich rechtzeitig eindeckt und die Polizei nicht fürchtet, kann an Freitag- und Samstagabenden glänzende Geschäfte machen.

In den Jahren 1919–1932 herrschte in Finnland die Prohibition. Damals gab es Alkohol nur für medizinische Zwecke. Das Prohibitionsgesetz war zwar schon 1909 verabschiedet worden, trat aber erst am 1. Juni 1919 in Kraft. Ab sofort waren die Herstellung, der Import und der Vertrieb von Getränken mit einem Alkoholgehalt von mehr als zwei Prozent verboten. 1922 wurde das Gesetz sogar noch verschärft: Man stellte das Auftreten an öffentlichen Plätzen in betrunkenem Zustand unter Strafe.

Die finnische Bevölkerung allerdings nahm dieses Gesetz nicht demütig hin, sondern sann auf Abhilfe. In Windeseile organisierte man einen florierenden Schmuggel und Schwarzhandel, viele Bauern sattelten um und bildeten sich zu professionellen Schwarzbrennern weiter. Es ist sicher kein Zufall, daß der schon erwähnte erste in Finnland produzierte Spielfilm den Titel «Die Schwarzbrenner» trägt. Der Schriftsteller *Joel Lehtonen* beschreibt in seinem Werk «Der Kampf der Seelen» den Einfallsreichtum jener Zeit: Da gibt es beispielsweise den Schwangerenbauch zum Vorschnallen, in dem einige Liter Platz finden, oder den Sarg der lieben Großmutter, deren Beisetzung niemals stattfand. Schmuggelschiffe wurden beschlagnahmt und versteigert, wobei sie oft von ihrem ehemaligen Besitzer erneut erworben und flugs wieder in die Schnapsflotte eingereiht wurden. Die Polizei bemühte sich, der neugeschaffenen Kriminalität durch Razzien und drakonische Strafen Herr zu werden. 1920 fielen ihr 110 000 Liter, 1926 schon 650 000 Liter Schnaps in die Hände. Aber trotz aller Anstrengungen: Auf dem Land war eine wirksame Kontrolle unmöglich, in den Städten schenkten die Restaurants «harten Tee» aus.

Das Prohibitionsgesetz machte die Finnen nicht zu Abstinenzlern, ganz im Gegenteil. Aufgrund des Verbots gab man sich mit milden Getränken wie Bier oder Wein erst gar nicht mehr ab, sondern konzentrierte sich auf möglichst Hochprozentiges. Nach mehr als zehn Jahren ließ sich die Regierung herab, die Bevölkerung nach ihrer Meinung über das Gesetz zu befragen. Der Volksentscheid fiel verständlicherweise recht eindeutig aus, und Anfang 1932 feierte man in Finnland unter frenetischem Beifall das Ende der Prohibition.

Bei den Preisen ist es allerdings kein Wunder, daß man noch heute, und gar nicht mal so selten, auf das Phänomen des Schwarzbrennens trifft. Was uns bestenfalls aus alten Räubergeschichten bekannt ist, ist für viele Finnen Alltag. Eine kleine Destillieranlage irgendwo im Wald – und wenn die Polizei Wind davon bekommt, rückt sie an und zerschlägt die Apparaturen. Den Täter erwartet eine empfindliche Geldstrafe, im Wiederholungsfalle droht ihm sogar das Gefängnis. Nicht selten enthält *pontikka,* der Selbstgebrannte, auch ein ansehnliches Quentchen Methylalkohol, aber es lohnt sich dennoch, ein Auge zu riskieren: Es gibt wahre Meister im Schwarzbrennen, deren Erzeugnisse die Produkte von ALKO in den Schatten stellen.

Es gibt aber auch weniger abenteuerliche Methoden, das staatliche Monopol zu umgehen. In Finnland sind allerlei Pülverchen und Hefeextrakte im Handel, aus denen man durch natürliche Gärung und starkem Zuckerzusatz hauseigenen Wein oder eine Art Bier, *sahti,* machen kann. Der Geschmack dieser Ersatzpräparate ist unumstritten scheußlich, aber sie erfüllen ihren Zweck – man wird davon betrunken.

In den vergangenen Jahren ist die Zahl der Besucher aus Estland und St. Petersburg stark gestiegen. Aber ein Besuch in einem der teuersten Länder der Welt will finanziert werden, und zwar mit harter Währung. Es gibt nicht viele Mitbringsel aus der ehemaligen Sowjetunion, die man in Finnland zu Geld machen kann. Manche versuchen es mit handgefälschten Ikonen, die meisten aber gehen auf Nummer Sicher. Am Hafen und in der Nähe der GUS-Botschaft in Helsinki wird man des öfteren von schwerbepackten Passanten angesprochen, mit dem einen russischen Wort, das jeder auf der Welt versteht: «Wodka?»

Seit Jahren diskutiert man in Finnland darüber, ob nicht der Verkauf von Wein und Starkbier in gewöhnlichen Lebensmittelläden legalisiert werden sollte. Die Regierung, die aus bereits erwähnten Gründen an ihrem Monopol festhält, hat sich bisher noch nicht dazu durchringen können, ihre mündigen Bürger selbst entscheiden zu lassen. Und ich habe noch keinen Finnen getroffen, der gegen eine Lockerung der Gesetze stimmen würde.

Werbung für alkoholische Getränke ist in Finnland verboten. Die einzige Ausnahme bildet das sogenannte Einser-Bier, ein Bier, das, wie der Name schon andeutet, kaum Alkohol enthält. Dafür wird überall und heftig die Werbetrommel gerührt. Die Verkaufsstatistiken allerdings zeigen, daß die Brauereien mit diesem Einserbier gar keinen Profit machen, oft ist es in den Lebensmittelläden gar nicht erhältlich. Das Einserbier wird nur produziert, damit man Werbung dafür machen kann. Und wie das Leben so spielt: Das Einserbier trägt denselben Namen und dasselbe Etikett wie seine alkoholhaltigeren Geschwister, das Dreier- und das Viererbier. Bis jetzt ist noch kein Ende dieser Marketingfarce in Sicht.

Die finnische Alkoholgesetzgebung treibt außer skurrilen leider auch tragische Blüten: Durch die extrem hohen Preise fallen Alkoholiker sehr leicht durch die Maschen des sozialen Netzes. Bei einem durchschnittlichen Monatslohn von knapp über 6000 Finnmark brutto kann sich ein einfacher Arbeiter entweder ein Dach über dem Kopf leisten oder die tägliche Flasche Schnaps.

Ein großes Problem sind denn auch die zu Obdachlosen gewordenen Alkoholiker. Im Großraum Helsinki gibt es einige Tausend von ihnen. Wenn wichtige ausländische Staatsgäste ihren Besuch angekündigt haben, verschönert die Polizei das Stadtbild, indem sie diese Obdachlosen einsammelt und einige Dutzend Kilometer weiter ins Hinterland verfrachtet.

Man kann sich vorstellen, was es bedeutet, bei dreißig und mehr Minusgraden obdachlos zu sein. So finden sich denn auch im Winter täglich einige vermischte Meldungen in den Tageszeitungen: Etwa dreißigjähriger Mann erfroren. Blutprobe nach Auftauen ergab 4,1 Promille. Die Tatsache, daß Passanten sich nicht um bewußtlose Alkoholiker kümmern, erschreckt Nichtfinnen oft anfänglich. Auch wenn ein Schneesturm tobt, die Finnen machen einen weiten Bogen um unrasierte Männer, die mit einer leeren Flasche in der Hand ohnmächtig im Schnee liegen. Aber um das soziale Stigma des Alkohols zu verdeutlichen, braucht man gar nicht so schreckliche Beispiele heranzuziehen. Ein Besuch in einer ALKO-Filiale genügt: Vor der Tür warten meist schon diejenigen, deren Äußeres sie als Alkoholiker verrät. Sie haben keinen Zutritt, aber sie versuchen, die sauber gekleideten Normalbürger dazu zu bewegen, ihnen – gegen Aufpreis selbstverständlich – ein Fläschchen mitzubringen. Das allerdings ist strafbar.

Drinnen stehen die sauber gekleideten Normalbürger artig Schlange und versuchen ein Gesicht zu machen, als hätten sie es gar nicht nötig, hier zu stehen. Die Stimmung bei ALKO erinnert an die peinliche Stille in Geschäften, wo Männer mit hochgeschlagenem Mantelkragen Pornohefte kaufen und hastig in der Aktentasche verstauen. Wer in Finnland einen Bus oder eine Straßenbahn besteigt und eine jener unverwechselbaren beigefarbenen ALKO-Plastiktüten trägt, kann sicher sein, daß ihn strafende Blicke treffen.

Alkohol am Steuer ist in Finnland kein Kavaliersdelikt, sondern ungefähr das Schlimmste, was man sich zuschulden kommen lassen kann. Ein *rattijuoppo,* ein «Lenkradsäufer», kann auf gar keinen Fall mit Verständnis, sondern nur mit harter Strafe rechnen. Die Promillegrenze liegt derzeit bei 0,5.

Zum Schluß noch eine Warnung: Alkoholgenuß an öffentlichen Plätzen ist verboten. Wer auf einer Parkbank

Bier in Milchtüte umfüllen!

in der Sonne sitzt und eine Dose Bier trinkt, macht sich strafbar. Es empfiehlt sich, den Gerstensaft vorher in eine Milchtüte oder einen großen Joghurtbecher umzufüllen. Prost!

Kein Kunde der Alko-Läden: Paavo Nurmi (1897–1973) erreichte 22 anerkannte Weltrekorde in der Mittel- und Langstreckendisziplin.

Geschichte – von der Eiszeit zur EG

Jäger aus dem Osten

«Schweden sind wir nicht, Russen können wir nicht werden, laßt uns also Finnen sein.»
Adolf Ivar Arvidsson (Anfang 19. Jh.)

Niemand weiß mit Sicherheit, woher die ersten Bewohner Finnlands kamen. Vermutlich folgte zumindest ein Teil von ihnen zum Ende der letzten Eiszeit der langsam zurückweichenden Eisgrenze. Die ältesten archäologischen Funde im Norden an der Eismeerküste stammen aus der Zeit um 8000 vor Christus, in Südfinnland sind die Funde knapp 1000 Jahre jünger. Die ältesten Einwanderer waren vermutlich Jäger, die aus den Tundren im Osten und aus dem Südosten gekommen waren.

Die Siedlungen konzentrierten sich damals auf die Ufer des Finnischen und des Bottnischen Meerbusens. Die gefundenen Gegenstände weisen darauf hin, daß es schon damals Kontakte zum «Ausland» gab, denn viele Gebrauchsgegenstände sind eindeutig aus importierten Materialien gefertigt. Man wohnte in Zelten (Jurten), als Haustiere hielt man Hunde. Tote wurden in Erdlöchern bestattet.

Im 4. Jahrtausend vor unserer Zeitrechnung lernte man, Tongefäße mit geraden oder nach oben spitz zulaufenden Wänden und rundem Boden anzufertigen, die man mit Kammabdrücken und Vertiefungen verzierte. Als Grabbeigaben dienten Werkzeuge, Waffen und Schmuck. Kulturelle Beziehungen gab es zu Mittelrußland und Estland. Im Gebiet um den Saimaa-See entwickelte sich eine kammkeramische Asbestkultur, dort mischte man Asbest in den Töpferton. Eine Schnurkeramik- oder Hammer-Axt-Kultur (ca. 2500–2000 v. Chr.) breitete sich mit indoeuropäischen Zuwanderern aus dem Baltikum südwestlich der Linie *Viipurinlahti-Tampere-Kokkola* ins Land hinein aus. Die Neuankömmlinge waren Bauern und Viehzüchter. Typische Gegenstände waren Hammeräxte in Bootsform und Tongefäße, die auf der Mundseite mit Schnurabdrücken verziert waren. Diese Hammer-Axt-Kultur vermischte sich mit der Kammkeramik-Kultur, und aus dieser Fusion ging die sogenannte *Kiukaisten*-Kultur hervor (ca. 2000 bis 1500 v. Chr.). Außer Ackerbau und Viehzucht, was mit zunehmender Seßhaftigkeit immer verbreiteter wurde, spielte auch die Jagd noch eine wichtige Rolle.

Mit der Zeit gelangte aus dem Süden Bronze nach Finnland, schon in fertiger Form als Metall. Man datiert die Bronzezeit in Finnland auf ca. 1500–500 v. Chr. Gleichzeitig kam auch eine neue Begräbnisart in Mode: Steinhügel oder Hünengräber. Auch in der Feuerbestattung versuchte man sich. Metallfunde aus dieser Zeit sind recht selten, wahrscheinlich kannte man die Kunst der Metallherstellung noch nicht und mußte das glänzende Material importieren.

Die ältesten Funde eiserner Grabbeigaben stammen aus der Zeit vom Beginn der Zeitrechnung bis zum fünften nachchristlichen Jahrhundert. Da in Estland sehr ähnliche Funde gemacht wurden, liegt die Vermutung nahe, daß aus den Gebieten südlich des Finnischen Meerbusens neue Einwanderer ankamen. Etwas später, in der Merowingerzeit, die ungefähr von 550 bis 800 dauerte, muß es in Finnland recht kriegerisch zugegangen sein: Aus dieser Zeit gibt es die reichsten Waffenfunde.

Die Jahre von etwa 800 bis zum Anfang des zweiten Jahrtausends war die Blütezeit der Wikinger, die auch an den Küsten Finnlands Stützpunkte unterhielten und die Ostsee unsicher machten. Schon bald aber bekamen sie es mit der Hanse zu tun, die versuchte, Ordnung in Verkehr

Landung des schwedischen Heeres unter König Erik IX. und Bischof Henrik in Finnland.

und Handel auf der Ostsee zu schaffen. Zwar gab es in Finnland keine Hansestädte wie etwa Stockholm oder Reval (das heutige Tallinn, die Hauptstadt Estlands), aber es gab Umschlaghäfen an der finnischen Küste. Die wichtigsten waren *Viipuri* (Wyborg), das zwischen dem heutigen Helsinki und St. Petersburg liegt, und *Turku* (Åbo) an der westfinnischen Küste. Zumindest die Süd- und Südwestküste Finnlands gehörten damals, in den Jahren von etwa 1050 bis 1200, fest zum kommerziellen Netzwerk, das die Hanse über die Ostsee gespannt hatte. Schon aus dieser Zeit gibt es Balladen über deutsche Kaufleute, die den Winter in Finnland verbrachten, bei dieser Gelegenheit das Herz einer blonden, gutmütigen Finnin brachen und im Frühling, wenn das Eis geschmolzen war, wieder nach Hause segelten.

Zwischen zwei Stühlen

Schon bald nachdem die Schweden Ende des 10., Anfang des 11. Jahrhunderts mit der christlichen Religion beglückt worden waren, trugen sie diese weiter nach Finnland, nicht nur zur Rettung der heidnischen finnischen Seelen, sondern vor allem aus konkreten machtpolitischen Erwägungen. Das schwedische Heer brauchte dringend Geld und Soldaten, und beides wollte man sich im Osten holen. Mitte des 12. Jahrhunderts rüstete der Schwedenkönig *Erik IX.* zum Kreuzzug; nur wenig später drang das Christentum durch die orthodoxen Mönche in Wyborg auch von Südosten her nach Finnland. Zwar traf den Bischof *Henrik von Uppsala*, der zunächst mit der Christianisierung Finnlands betraut war, gleich zu Beginn seiner Mission meuchlings die Keule eines heidnischen Hitzkopfs, aber das Kommen der neuen Religion war durch diese Bluttat nicht aufzuhalten. Für den aus England stammenden Henrik sprang bei dieser für ihn persönlich mißglückten Unternehmung immerhin eine Heiligsprechung heraus.

So wurde Finnland durch Gottes Hilfe im Jahre 1249 zu einem schwedischen Fürstentum, sprich zu einer Kolonie. Der Erbadel wurde eingeführt, das Land neu und natürlich zu Ungunsten der Bauern, die es bestellten, verteilt, und Schweden machte sich die neuen Adligen durch Steuer- und andere Vergünstigungen geneigt. Eigentliche finnische Adlige hat es nie gegeben, das blaue Blut in Finnland war durchwegs Importware und stammte vor

Der finnische Bauer Lalli erschlägt Bischof Henrik.

allem aus Dänemark, Deutschland und Schweden. Die gemeinsame Sprache der Aristokratie war Schwedisch.

Den Unterschied zwischen den gebildeten, schwedischsprachigen Adligen, die meist an der Küste residierten, und den einheimischen Finnen, den Bauern, Jägern und Fischern außerhalb der wenigen Städte, die es damals gab, kann man sich wohl nicht kraß genug vorstellen. Diese echten Finnen verstanden nicht die Sprache ihrer Herren, und ihre Zahl wurde immer wieder durch Mißernten, Hungersnöte und Seuchen dezimiert.

Schweden und Rußland, die beiden Ostsee-Großmächte der damaligen Zeit, bekriegten sich im Laufe der Jahrhunderte mit unerbittlicher Regelmäßigkeit. Und was lag näher, als diese Kriege in Finnland auszutragen?

1495 griffen die Russen im Verbund mit den Dänen Schwedisch-Finnland an. Dieser Krieg veränderte zwar die Grenzen nicht, verwüstete aber weite Teile des Landes, und die Leidtragenden waren die Zivilisten, die das Pech hatten, in den finnischen Wäldern zwischen Schweden und Rußland zu leben.

Im sogenannten Russischen Krieg 1570 bis 1595 gelang es den Schweden und ihren finnischen Hilfstruppen, *Käkisalmi, Narva* und einige Burgen im heutigen Estland zu erobern, und die schwedische Krone hielt es für opportun, Finnland aus diesem Anlaß 1581 zur Belohnung für Vasallentreue den Titel eines Großfürstentums zu bescheren.

Inzwischen hatte die Reformation den Katholizismus vollständig aus Finnland vertrieben, was später entscheidende Bedeutung für die Weiterentwicklung der eigenständigen finnischen Kultur haben sollte. Der Luther-Schüler Mikael Agricola (ca. 1508–1557) schuf mit seiner Übersetzung des Neuen Testaments ins Finnische nämlich die Voraussetzungen für eine eigene finnische Schriftsprache und damit für die Entstehung eines der wichtigsten kulturellen Integrationsfaktoren.

Die ständigen Kriege forderten viele Todesopfer und wollten auch finanziert sein – natürlich auf Kosten der damaligen Steuerzahler. 1596 waren die finnischen Bauern im wahrsten Sinne des Wortes so ausgeblutet, daß sie zum letzten Mittel griffen: zum Aufstand. Dieser sogenannte Keulenkrieg – der Name stammt von der notdürftigen Bewaffnung der Aufständischen – dauerte nicht lange und endete, wie zu erwarten, mit einem Sieg der Regierungstruppen.

1630 machte Schweden sich auf und zog in den Dreißigjährigen Krieg. Mit dabei waren auch viele finnische Landsknechte, die sogenannten Hakkapeliten (von finnisch *hakkaa päälle*, «Hau drauf»), die sich in Mitteleuropa einen Namen als extrem brutale und trinkfeste Krieger machten. Einige Finnen von damals liegen noch heute auf dem Grunde des Bodensees an der Grenze zwischen Deutschland und der Schweiz, wo es zu einem kleinen marinen Scharmützel gekommen war.

In den Jahren 1617 bis 1721 erlebte Schwedisch-Finnland die Zeit seiner höchsten Machtfülle. Das schwedische Bildungs- und Verwaltungssystem wurde auch auf das finnische Territorium ausgedehnt und verschaffte so wenigstens der schwedischsprachigen Oberschicht Jahrzehnte des Aufschwungs und steter Entwicklung. 1640 wurde in der damaligen Hauptstadt Åbo (Turku) die erste finnische Universität gegründet, Finnland bekam eine eigene Post, die Verkehrswege wurden ausgebaut und man begann, die finnischsprachige Bevölkerung zu alphabetisieren.

Aber die Kriege gegen Rußland nahmen vorläufig kein Ende. 1700 waren es wieder die Russen, die angriffen und den sogenannten Großen Nordischen Krieg anzettelten. Zu diesem Zeitpunkt war der Großteil der schwedischen Armee außer Landes mit anderweitigen Kampfhandlungen beschäftigt, und die Russen eroberten zügig die früher verlorenen finnischen Gebiete zurück. Zum Ende des Großen Nordischen Krieges 1721 verlor Schweden ganz Südostfinnland, und der größte Teil der schwedischen Verwaltungsbeamten floh aus Finnland zurück ins Mutterland. Zwar versuchten die schwedischen Könige noch 1741 und 1778 zurückzubekommen, was die Russen genommen hatten, aber die große Zeit Schwedens war vorbei. Auch der bislang letzte schwedisch-russische Krieg 1808–1809 endete mit einer schwedischen Niederlage.

Henrik Gabriel Porthahn (1739–1804), Vater der finnischen Geschichtsforschung und des finnischen Geschichtsbewußtseins: Voraussetzung für die spätere Unabhängigkeit des Landes von Rußland.

Der strahlende Sieger, Rußlands Zar Alexander I., erklärte am 29. März 1809 auf dem Landtag in der südfinnischen Stadt *Porvoo* Finnland zu einem autonomen russischen Großfürstentum. Mehr als fünfhundert Jahre schwedischer Herrschaft über Finnland waren zu Ende.

Sonnenhunger nach einem langen Winter. In Helsinki.

Oben:
Traditionelle Kleidung bei den Saamen am Inarisee.
Unten:
Markieren der Jungrentiere, bevor sie mit den Muttertieren für eine bestimmte Zeitspanne wieder in die Wildnis entlassen werden.

Oben:
Zuschauerin beim Rentiersortieren.
Unten:
Ein alter Bauernhof in der Gegend von Inari.

Oben:
Poroerotus nennen sich die Sortierstätten für Rentiere. Hier sind sie eben aus der Wildnis zusammengetrieben worden und bewegen sich freiheitssuchend im Kreis.
Unten:
Rast während des Rentiertreibens in der Wildnis.

Oben:
Ein schwaches Tier genießt Reiseerleichterung.
Unten:
Mit langen Stangen, an deren Spitzen sich selbstzuziehende Schlaufen befinden, holen sich die jeweiligen Besitzer ihre Tiere aus der kreisenden Herde.

*An einem Rock-
konzert in Helsinki.*

*Sie waren nicht ganz so süß wie die Verkäuferin . . .
Im Zentrum von Naantali, wo ein Drittel aller Häuser unter Denkmalschutz steht.*

Oben:
Markt am Hafen von Helsinki.
Unten:
Sommerliches Freiluftkonzert in einem Park von Helsinki.

Zarenherrschaft und Fennomanie

Die neuen Herren Finnlands waren sich darüber im klaren, daß auch sie bei den frisch einverleibten Untertanen nicht gerade beliebt waren. Trotzdem förderten sie in geradezu erstaunlichem Maß die Autonomiebestrebungen der Finnen, denn alles was angetan war, Finnland von Schweden zu entfernen, paßte den Russen ins Konzept. Schon 1770 hatten finnische Intellektuelle die sogenannte *Aurora*-Gesellschaft gegründet, deren Ziel es war, die finnische Sprache zur Kultursprache im eigenen Land zu machen. Wenig später riefen hundert schwedische Offiziere im Geist der auch nach Finnland gedrungenen Aufklärung den *Anjala*-Bund ins Leben, mit dem sie auf eine Beendigung der unaufhörlichen schwedisch-russischen Kriege, die Lösung Finnlands von Schweden sowie staatliche Souveränität hinarbeiteten.

Jetzt, während der Zeit relativer Ruhe und Selbständigkeit unter dem vergleichsweise lockeren Regime der Zaren Alexander I. und Alexander II., machte sich in Finnland das lang angestaute Nationalgefühl Luft. Im Zuge der sogenannten *Fennomanen*-Bewegung rückte die finnische Sprache unaufhaltsam vor, zunächst in den oberen, schwedischsprachigen, dann aber auch in den weniger begüterten Gesellschaftsschichten. Man entdeckte das Kalevala, das die Stämme verbindende gemeinsame Nationalepos, Finnisch wurde an Schulen und Hochschulen salonfähig gemacht, und es gab auf einmal eine finnische Literatur. 1863 wurde die Gleichstellung der finnischen mit der schwedischen Sprache gesetzlich festgelegt. Die Fennomanie ging auf ihrem Höhepunkt sogar so weit, daß viele Bürger ihre schwedischsprachigen Nachnamen ins Finnische übersetzten.

J. v. Snellman (1806–81), Staatsmann und Erwecker finnisch-nationaler Gesinnung zur Loslösung von Rußlands Vorherrschaft.

1812 wurde Helsinki – von Gustav I. Wasa 1550 gegründet – anstelle von Turku die Hauptstadt des Landes; 1827 brannte Turku/Åbo fast völlig ab und bald darauf verlegte man auch die erste finnische Universität nach Helsinki. 1865 bekam Finnland eigene Münzen. 1872 gründete man das erste finnische Theater, und 1878 führte man in Finnland die Wehrpflicht ein. Die neu entstandene finnische Armee war zwar zaristischem Kommando unterstellt, aber man versuchte nicht, die finnischen Soldaten auf russische Einheiten zu verteilen. So wollte man Konflikte vermeiden. Der Zar wußte: Nur wenn es den

Finnen besser geht als vorher, sind sie mit der neuen Herrschaft zufrieden.

Die Nachfolger der beiden ersten Alexander, Alexander III. und Nikolaus II., aber waren anderer Ansicht. Sie fanden, Finnlands Eigenständigkeit gehe entschieden zu weit und versuchten, Finnland stärker an Rußland anzubinden. Sie befahlen eine großangelegte Russifizierungskampagne und machten einen Herrn namens *Bobrikov* zum Generalgouverneur von Finnland. Er war mit der Aufgabe betraut, die Fennomanen zu bändigen und Finnlands Loyalität an Rußlands Seite sicherzustellen. Die Bemühungen von Nikolaus II. aber kamen zu spät: Bobrikov wurde das Opfer einer der in Finnland höchst seltenen politischen Morde, und bevor man in St. Petersburg noch neue, effektivere Pläne zur Unterdrückung des erwachten finnischen Nationalismus schmieden konnte, kam es 1905 zur ersten und 1917 zur zweiten russischen Revolution. Der Aufstand von 1905 griff auch auf Finnland über, wo es inzwischen ein – wenn auch zahlenmäßig kleines – Industrieproletariat gab. Die Bürgerlichen konnten sich aber im Laufe der Auseinandersetzungen behaupten, das einzige Zugeständnis, das sie zu machen gezwungen waren, war das allgemeine Wahlrecht. Im Zuge dieser Reform bekamen 1906 auch die finnischen Frauen als erste in ganz Europa das Recht zu wählen; eine Errungenschaft, auf die man in Finnland noch heute stolz ist.

Rote und Weiße

Als Zar Nikolaus II. im März 1917 gestürzt wurde und Rußland ins Chaos der Revolution versank, geriet auch Finnland in den Strudel der Ereignisse. Die Bevölkerung spaltete sich auf in «Rote», bolschewistisch orientierte Arbeiter und «Weiße», Bürgerliche. Beide versprachen sich viel von der russischen Revolution, aber aus ganz verschiedenen Gründen. Die Roten hofften, die Revolution werde auch auf Finnland übergreifen und endlich Brot und Arbeit bringen. Die Weißen dagegen wollten sich ganz von Rußland trennen und vertrauten darauf, daß die neuen Machthaber in St. Petersburg alle Hände voll zu tun und keine Zeit haben würden, sich um Finnland zu kümmern. Während die Roten mit Rußland verhandeln wollten, erklärten die Weißen am 6. Dezember 1917 Finnland kurzerhand für unabhängig.

Am Silvesterabend 1917, kurz vor Mitternacht, erkannte Rußland diese Unabhängigkeit an. Die Freude über die neu errungene Freiheit dauerte aber nicht lange. Während die Weißen auf Befehl von General *Carl Gustav von Mannerheim*, der eben seinen Abschied von der Zarenarmee genommen hatte, im Januar 1918 mit der Entwaffnung der noch in Finnland stationierten russischen Truppen begannen, riefen die Roten in Helsinki zum Aufstand auf. Es kam zum Krieg zwischen Roten und Weißen, einem Krieg, der noch heute von den einen als Freiheitskrieg, von den anderen als Bürgerkrieg bezeichnet wird. Im Frühjahr 1918 tobte in Finnland der Bruderhaß, Rote und Weiße schlachteten sich gegenseitig mit erbarmungsloser Grausamkeit ab. Im Februar traf per Schiff das 27. Jägerbataillon in der westfinnischen Stadt Vaasa ein und kämpfte auf Seiten der Weißen. Das Besondere an diesem Bataillon war der Umstand, daß das gesamte Offizierskorps aus Deutschen bestand und die

Mannschaften in Norddeutschland in der Nähe von Hamburg von Deutschen ausgebildet worden waren. Diese Jäger genossen hohes Ansehen, und die letzten davon treffen sich heute noch regelmäßig zu Veteranentagen.

Als der Bürgerkrieg im Mai mit der Eroberung der südfinnischen Hafenstadt Kotka und dem Sieg der Weißen endete, gab es auf seiten der Sieger 3100, auf seiten der Roten 3400 Tote. In den Straflagern, die die Weißen einrichteten, kamen innerhalb kurzer Zeit noch einmal etwa 12000 Rote durch Krankheiten, Hunger und Folterung zu Tode.

Der König, der nicht kam

Nach dem Bürgerkrieg machten sich die Sieger Gedanken darüber, welche Regierungsform der neue, unabhängige Staat bekommen sollte. Die Rechten glaubten nicht an das Funktionieren der Demokratie, sie wollten das schwedische Modell übernehmen, die Monarchie. Da es aber keinen finnischen Adel gab und es aus naheliegenden Gründen nicht ratsam erschien, einen Russen oder einen Schweden zum König zu machen, mußte man etwas weiter ausholen: Im Oktober 1918 wählte man den deutschen Prinzen Friedrich Karl von Hessen und dessen Frau Prinzessin Margarete zum finnischen Königspaar. Prinz Friedrich Karl war alles andere als begeistert von seinem Glück, es bedurfte einiger Überredung seitens der Finnen, ihn zur Annahme der Krone zu bewegen. Der designierte König von Finnland brauchte seinen Dienst aber gar nicht erst anzutreten, denn Deutschland verlor den Krieg, der König dankte im Dezember, ohne jemals Fuß auf finnischen Boden gesetzt zu haben, noch vor seiner Krönung ab und Finnland wurde 1919 zur Republik.

Finnlands erster Staatspräsident war *K. J. Ståhlberg*, ein erbitterter Gegner Mannerheims. Mannerheim hegte Pläne, St. Petersburg anzugreifen und es den Bolschewiken zu entreißen. Die Chancen für das Gelingen eines solchen Abenteuers waren gar nicht schlecht: Auf russischer Seite standen den Finnen nur schlecht organisierte, versprengte Revolutionstruppen gegenüber, im Rücken hatten die Finnen die Unterstützung der westlichen Welt. Mannerheim ließ von dem Vorhaben ab als klar wurde, daß ein geglückter Angriff den konterrevolutionären russischen Generälen, nicht aber Finnland zugute kommen würde. 1920 schlossen Finnland und die Sowjetunion den Frieden von *Tartu* (Dorpat), die UdSSR erkannte Finnlands Recht auf seine historischen Grenzen an und das Gebiet um den *Petsamo*-Fjord an der Barentssee wurde Finnland zuerkannt.

Die junge finnische Republik suchte nun nach ihrer Identität. Besonders von Schweden wollte man sich deutlich absetzen; als Folge davon verschärfte sich der Sprachenstreit in Finnland. Man drängte die schwedische Sprache zurück wo man nur konnte, an der Universität in Helsinki, in der Verwaltung und im öffentlichen Leben. Der Sprachenzwist gipfelte im Streit um die Åland-Inseln, die 1921 vom Völkerbund Finnland politisch zuerkannt, aber mit autonomem Status ausgestattet wurden. Kurz nach der Åland-Krise waren die Beziehungen zwischen Finnland und Schweden so abgekühlt, daß Präsident Ståhlberg sich weigerte, zu einem Staatsbesuch nach Stockholm zu reisen.

Im Finnland der zwanziger Jahre ging es langsam, aber stetig bergauf. Der Lebensstandard stieg und damit auch das nationale Selbstvertrauen. Doch die Weltwirtschaftskrise 1929 hinterließ auch in Finnland Spuren: Der Export stagnierte, Arbeitslosigkeit und Konkurse schnellten in die Höhe. Die Kommunisten hielten ihre Zeit für gekommen und bereiteten einen Aufstand vor. Was 1918 gescheitert war, sollte jetzt gelingen. Im November 1929 versammelten sich Finnlands Jungkommunisten in der westfinnischen Ortschaft *Lapua* und verspotteten öffentlich Vaterland und Kirche. Die männliche Bevölkerung von Lapua tat sich zusammen, riß den Kommunisten ihre roten Hemden vom Leib und zerschlug die Versammlung. Man gründete im Gegenzug die sogenannte Lapua-Bewegung mit dem Ziel, Finnland vor dem Kommunismus zu schützen. Dieser Lapua-Bewegung gelang es, auf die Regierung in Helsinki so starken Druck auszuüben, daß diese schließlich sämtliche kommunistischen Aktivitäten in Finnland mit einem Verbot belegte. Schon bald nachdem die Kommunisten zum Schweigen gebracht waren, wurde die Lapua-Bewegung selbst zur Bedrohung für die Demokratie. Die Lapua-Bewegten versammelten sich 1932 im südfinnischen *Mäntsälä,* forderten den Rücktritt der Regierung und bliesen ihrerseits zum Aufstand. Dieser Aufstand von Mäntsälä konnte jedoch ohne Blutvergießen auf unorthodoxe Weise niedergeschlagen werden. Die Regierung entsandte einen General nach Mäntsälä, der den Rädelsführer verhaften sollte. Der General hatte vorsorglich einige Flaschen Cognac im Gepäck, und schon nach kurzer Zeit war der Anführer der Aufständischen so betrunken, daß er sich widerstandslos zur Polizeistation schleppen ließ.

Ganz langsam heilten die Wunden, die der Bürgerkrieg in Finnland geschlagen hatte; der tiefe Graben zwischen Roten und Weißen begann sich zu schließen. Am fünfzehnten Jahrestag des Siegs der Weißen hielt General Mannerheim im Nationaltheater eine Gedenkrede, in der er sagte: «Laßt uns jedem die Bruderhand reichen, der arbeiten will und bereit ist, seine vaterländische Pflicht zu tun. Wir brauchen dabei nicht zu fragen, wo er vor fünfzehn Jahren gewesen ist.»

Die dreißiger Jahre brachten Finnland den Wohlstand. Das grüne Gold, der Wald, ließ Geld ins Land fließen. Die holzverarbeitende Industrie erlebte ihre fetten Jahre, überall schossen Fabriken und Sägewerke aus dem Boden. Die Zahl der Arbeitslosen sank von fast hunderttausend im Jahr 1932 auf einige Tausend 1935. Die Staatskasse war voll, die Staatsverschuldung eine der geringsten der ganzen Welt. Während anderswo in Europa noch die Arbeitslosen vor den Suppenküchen der Wohlfahrt Schlange standen, leistete Finnland sich ein Kinderschutzgesetz, ein Volkspensionsgesetz, und der Staat half vielen, die während der Krise ihr Hab und Gut hatten versteigern müssen, es zurückzuerwerben. Folgen des Wohlstands waren eine massive Landflucht und eine Abiturientenschwemme. Die Bevölkerung der Städte Helsinki und Turku etwa wuchs in den Jahren 1921–1939 um ein Mehrfaches, 97 Prozent des Zuwachses waren Umsiedler, die es vom Land in die Städte gezogen hatte. Die Zeichen standen auf Aufschwung, der alte Haß zwischen Rot und Weiß war so gut wie vergessen, und auch der Sprachenstreit wurde ad acta gelegt.

In diesen Jahren war Finnland geradezu süchtig nach Anerkennung durch die westliche Welt. Besuche ausländischer Staatsgäste verfolgte man mit angehaltenem Atem; wenn ein Finne es im Ausland zu Ruhm und Ehre gebracht hatte, machte man ihn zu Hause zum Nationalhelden. Finnische Chöre und Orchester, die auf Auslandstournee gingen, besuchten vor der Abreise den Präsidenten in seinem Palais, um sich von ihm im Namen der Republik segnen zu lassen.

1938 erreichte das Wohlergehen der Finnen seinen vorläufigen Höhepunkt. Als Japan die Welt wissen ließ, daß es wegen des Krieges in Fernost die Olympiade nicht ausrichten könne, wurden die Spiele für 1940 nach Helsinki vergeben. Man begann, sich fieberhaft auf dieses Ereignis vorzubereiten. Aber statt zu Olympischen Spielen kam es zu einem ganz anderen internationalen Auftritt.

Zwei Zweite Weltkriege

Die Sowjets forderten Beratungen und den Austausch von Gebieten mit Finnland. Mannerheim, der Anfang der dreißiger Jahre in den Rang eines Marschalls versetzt und zum Präsidenten des Verteidigungsrates ernannt worden war, hatte zwar vor dem großen Nachbarn im Osten gewarnt, aber im allgemeinen Optimismus nahm man in Finnland die Gefahr eines Krieges nicht wahr. Am 30. November 1939 griffen die Sowjets an, überraschend und unerwartet, sowohl für Finnland als auch für die übrige Welt. Die Deutschen verhielten sich gemäß des

geheimen Zusatzprotokolls des Hitler-Stalin-Pakts neutral, und auch Schweden kam den Finnen nicht zu Hilfe. Finnland stand allein und unzureichend vorbereitet dem Riesenreich im Osten gegenüber. Zur Zeit dieses sogenannten Winterkrieges gab es keine anderen Kriegsschauplätze, und das Interesse der Welt konzentrierte sich auf die finnischen Soldaten, die sich unter extrem schwierigen Bedingungen gegen die Übermacht wehrten. Unter Führung von Marschall Mannerheim gelang es der Armee, mehrere Angriffe zurückzuschlagen und den Sowjets den ganzen Winter lang mehr oder weniger standzuhalten. Im März 1940 kam es zum Waffenstillstand. Finnland hatte etwa zehn Prozent seines Staatsgebietes an die UdSSR verloren. Die Sowjets hatten erreicht, was sie wollten: Vor dem Winterkrieg hatte die Grenze zu Finnland nur etwa dreißig Kilometer von Leningrad entfernt gelegen. Jetzt wurde sie nach Westen ins finnische Landesinnere verschoben, und die Stadt Viipuri ging an die Sowjets. Außerdem bekam die UdSSR einen Stützpunkt bei *Hanko* am Eingang zum Finnischen Meerbusen und somit wirksamere militärische Kontrolle über diesen Teil der Ostsee.

Finnland mußte Karelien an die Sowjetunion abtreten, aber die Bevölkerung, etwa eine halbe Million Karelier, war nach Westen geflüchtet und machte keine Anstalten, in die Heimat, die jetzt jenseits der sowjetischen Grenze lag, zurückzukehren. Das finnische Parlament beschloß im Sommer 1940 eine Bodenreform, um den Flüchtlingen aus Karelien den Neubeginn zu ermöglichen. 330000 Hektar landwirtschaftlich nutzbares Land sollten an die Neuankömmlinge vergeben werden, aber als erst ein Viertel verteilt war, begann im Sommer 1941 schon der zweite Krieg, der sogenannte Fortsetzungskrieg. Und dieser Fortsetzungskrieg war für die Finnen keine Überraschung mehr.

Das Verhältnis zwischen Deutschland und der UdSSR hatte sich entscheidend verschlechtert, und die Deutschen machten Finnland deutliche Avancen. In Finnland nahm man dies mit Erleichterung auf, denn der Winterkrieg war, obwohl relativ glimpflich verlaufen, ein schweres Trauma, und gegen den großen Bären im Osten war den Finnen jeder Verbündete recht. Finnland gewährte der deutschen Reichswehr das Durchmarschrecht, und im Juni 1941 griffen Deutsche und Finnen gemeinsam die Sowjetunion an. Die Deutschen hatten inzwischen Norwegen erobert und betrachteten Finnland als natürliche Erweiterung ihres militärischen Operationsgebietes. Den Finnen ging es darum, wiederzugewinnen, was sie im Winterkrieg verloren hatten, allerdings konnten sie der Versuchung nicht widerstehen, die ehemalige Ostgrenze zu überschreiten und Teile Ostkareliens zu erobern, die vorher nie zu Finnland gehört hatten. In manchen Köpfen regten sich Träume von einem großfinnischen Reich.

Die führenden Politiker waren sich aber der Tatsache bewußt, daß man auch nach dem Krieg die Sowjetunion zum Nachbarn haben würde. Finnland bemühte sich schon 1943 um einen gesonderten Friedensschluß mit den Sowjets, hatte aber Bedenken wegen der schlechten Versorgungslage und fürchtete, die Deutschen könnten Finnland besetzen. Die finnische Führung griff zu einem Trick: Da es zwischen Deutschland und Finnland keinen offiziellen politischen Vertrag gab, schrieb der damalige Präsident *Risto Ryti* einen persönlichen Brief an den deutschen Außenminister Ribbentrop, in dem er versprach, Finnland werde bis zum letzten Blutstropfen an der Seite der Deutschen kämpfen. Als Gegenleistung erbat er aus Berlin umfangreiche Waffen- und Munitionslieferungen, insbesondere Flugzeuge und Panzerabwehrwaffen. Mit diesen Waffen widerstanden die Finnen im Sommer 1944 einer massiven Offensive der Sowjets auf der karelischen Landenge und schufen so die Voraussetzungen für eine Waffenruhe. Eine geheime finnische Delegation reiste nach Moskau und verhandelte mit dem sowjetischen Außenminister Molotow über die Bedingungen für ein Ende der Kampfhandlungen. Am 5. September 1944 kam es dann zum Waffenstillstand.

Zu den Bedingungen dieses Waffenstillstands, der auf der Pariser Friedenskonferenz 1947 bestätigt wurde, gehörte unter anderem auch die Auflage, daß die Finnen die deutsche Armee aus ihrem Land zu vertreiben hatten. Über Nacht wurden die Deutschen in Finnland von Verbündeten zu Feinden. Die Finnen drängten die im Land stationierten Reste der Reichswehr nach Norden in Richtung Norwegen zurück. Die deutschen Soldaten brannten auf ihrem Rückzug durch Lappland nieder was sie fanden, als Rache für unterlassene Waffenbruderschaft. Noch heute bekommt man als Deutscher in Finnland oft zu hören: «Ihr habt Lappland verbrannt.» Im November 1944 war der Großteil der deutschen Truppen nach Norwegen abgedrängt, nur in der nordwestlichsten Ecke, in der Gegend um *Kilpisjärvi,* konnten sich deutsche Soldaten noch bis Ende April 1945 halten.

Erstaunlich ist, daß Finnland weder von den Sowjets noch von den Deutschen besetzt wurde. Der erbitterte Widerstand, den die Finnen im Sommer 1944 auf der karelischen Landenge geleistet hatten, ließ die Sowjets offenbar glauben, der Preis für einen Einmarsch würde zu hoch sein, und Deutschland war bereits in Auflösung begriffen und hatte nicht mehr die militärische Stärke, Finnland zu besetzen.

Die Finnen konnten sich allerdings nicht auf ihr Glück verlassen, und in den Jahren 1944 und 1945 lebte man in ständiger Furcht vor einer Okkupation durch die Sowjets. Demobilisierte Offiziere der finnischen Armee versteckten systematisch Waffen und Munition, anstatt sie ordnungsgemäß bei der alliierten Kontrollkommission abzuliefern. Im Falle einer Invasion durch die Sowjets hätte Finnland eine Guerilla-Armee mit etwa 35 000 Mann mobilisieren können. Die Kontrollkommission bekam jedoch Wind von dem Versteckspiel und machte fast 1500 darin verwickelten Personen den Prozeß. Die genauen Verstecke aber konnten trotz hochnotpeinlicher Verhöre nicht vollständig lokalisiert werden, und so warten irgendwo in den finnischen Wäldern immer noch Tausende von Gewehren und Patronen auf ihren Finder.

Frieden und Neutralität

Nach dem Krieg war Finnland zwar in einer äußerst schlechten Verfassung, aber es war immerhin, anders als Estland, Lettland und Litauen, ein souveräner Staat geblieben. Präsident Ryti wurde unter anderem wegen seines Briefs an Ribbentrop als Kriegsverbrecher verurteilt und von Mannerheim im Amt abgelöst, Finnland mußte sich zur Zahlung umfangreicher Reparationen an die Sowjets verpflichten und die Gebiete, die es im Winterkrieg verloren hatte, blieben auch weiterhin jenseits der Ostgrenze. Tausende von Kindern waren während des Krieges nach Schweden und Dänemark evakuiert worden und kamen jetzt langsam zurück, sämtliche Grundnahrungsmittel waren rationiert, außer einheimischem Gemüse gab es alles nur auf Karten. Das kleine Volk von damals mit etwas mehr als vier Millionen Menschen zählte nach Winter- und Fortsetzungskrieg 90 000 Tote, 160 000 Verwundete und 432 000 Flüchtlinge.

Im April 1948 mußte Finnland mit der Sowjetunion einen Vertrag über Freundschaft, Zusammenarbeit und gegenseitige Hilfeleistung abschließen. Die Bevölkerung nahm diesen Vertrag sehr skeptisch auf; man befürchtete, sich zu sehr an den Nachbarn im Osten anzubinden und zu einem Satellitenstaat zu werden. Nach der Unterzeichnung des Papiers erklärte Finnlands damaliger Präsident *Paasikivi:* «Dieser Vertrag ist nicht gefährlich für uns. Ich glaube nicht, daß er unsere Beziehungen zu den westlichen Ländern oder zu den nordischen Staaten beeinträchtigen wird.» Die Zeit zeigte, daß er recht hatte, aber der Vertrag war immerhin ein Grund für die Entstehung des Begriffs Finnlandisierung, der in den fünfziger Jahren geprägt wurde.

1952 konnten endlich die Olympischen Sommerspiele in Helsinki stattfinden. Für Finnland hatten sie symbolische Bedeutung, es war die erste große internationale Selbstdarstellung des Landes nach dem Krieg, ein

Beweis dafür, daß der Frieden wirklich eingekehrt war. Die ausländische Presse überbot sich in ihrem Lob für die perfekte Organisation der Spiele. Im selben Jahr wurde die siebzehnjährige Bauerntochter *Armi Kuusela* zur Miß Universum gekürt. Finnland machte positive Schlagzeilen, Finnland war endlich wieder wer.

Im Sommer 1952 hatte Finnland auch sämtliche Kriegsreparationen an die UdSSR abbezahlt. Mehrere hunderttausend Eisenbahnwaggon- und unzählige Schiffsladungen mit Waren und Gütern aller Art hatte man nach Osten geschickt, der Wert der Reparationen lag bei knapp fünfhundert Millionen damaligen Dollar. Finnland ist der einzige Staat, der seine Kriegsschulden aus dem Zweiten Weltkrieg vollständig bezahlt hat. Erstaunlicherweise litt der Lebensstandard nicht unter diesen immensen Abzahlungen, ganz im Gegenteil: Er war 1951 schon höher als kurz vor dem Winterkrieg. Es gelang Finnland, sich in erstaunlich kurzer Zeit von einer fast reinen Agrargesellschaft zu einer Industriegesellschaft umzustrukturieren. Der Zwang, Industriegüter für die Sowjets zu produzieren, führte zu einem Boom, besonders Schwerindustrie und Schiffbau entwickelten sich rasant.

Psychologisch gesehen endete der Krieg für Finnland erst 1956, als die Sowjets als Gegenleistung für eine Verlängerung des Freundschafts- und Beistandsvertrages den Marinestützpunkt *Porkkala* räumten. Porkkala liegt nur achtzehn Kilometer von Helsinki entfernt, und in Finnland fühlte man sich erst richtig im Frieden, als die sowjetischen Soldaten und Kriegsschiffe aus der unmittelbaren Nähe der Hauptstadt abgezogen waren. 1955 gelang es Finnland, der Moskauer Sicherheitskonferenz fernzubleiben und sich aus der Gründung des Warschauer Paktes herauszuhalten. Für den kleinen Staat war von entscheidender Bedeutung, nicht als Spielball in die Vormachtbestrebungen der Großmächte hineingezogen zu werden.

Finnlands Politik der Neutralität war auch von Anfang an Leitmotiv, als das Land 1955 sowohl dem Nordischen Rat als auch den Vereinten Nationen beitrat. In der UNO versuchte Finnland, sich als friedliebender neutraler Staat abseits der Interessenkonflikte der Großmächte zu profilieren. Eine effektive Methode hierbei war das Bereitstellen von Blauhelmen, UNO-Friedenstruppen. Tatsächlich hat kein Staat der Welt soviele Friedenstruppen für die UNO abkommandiert wie Finnland, und das kleine Volk im Norden gehört auch zu den pünktlichsten Beitragszahlern der Weltorganisation.

Am Rande des neuen Europa

Am 1. Mai 1956 wurde Ministerpräsident *Urho Kaleva Kekkonen* mit nur einer Stimme Mehrheit zum finnischen Staatspräsidenten gewählt. Am Tag seines Amtsantritts begann ein dreiwöchiger Generalstreik, den man als die letzten Nachwehen des Krieges ansehen kann. Die Streikenden schafften sich die Reste der staatlichen Rationierungspolitik vom Hals und sorgten dafür, daß der neuerrungene Wohlstand zumindest teilweise auch ihnen zugute kam.

Präsident Kekkonen lenkte die Geschicke Finnlands mehr als zwanzig Jahre lang und entwickelte sich zu einer staatsmännischen Vaterfigur, er wurde «der Alte», eine

Oben:
Blockgeröll in der Schlucht von Isokuru, Pyhätunturi.
Unten:
Spiegelung in der gleichen Schlucht.

Oben:
Blick durch einen umgestürzten Baum.
Unten:
Drehwuchsformen einer Föhre in den höheren Regionen einer Erhebung.

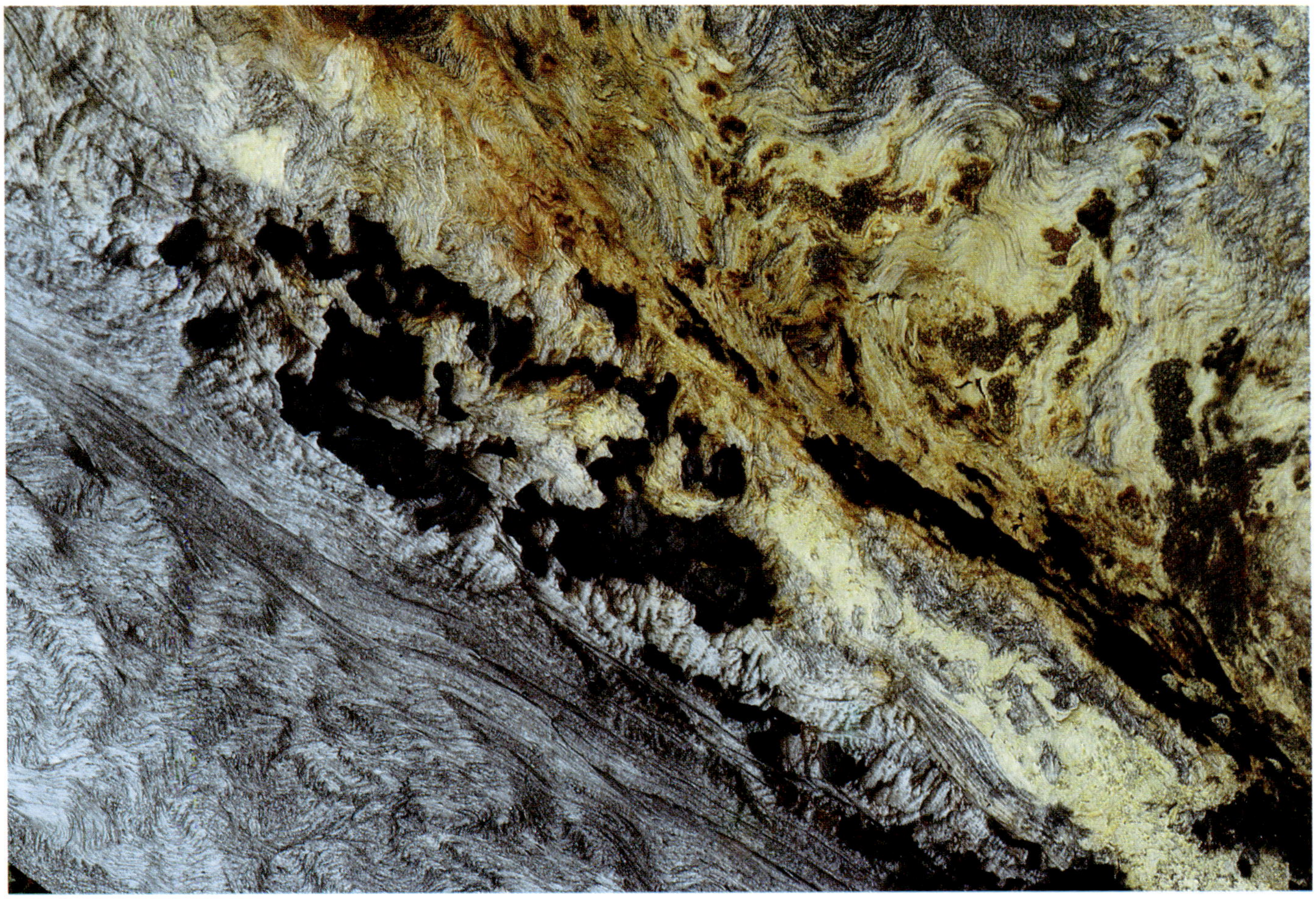

Oben:
Verwitterter Ast eines abgestorbenen Baumes.
Unten:
Strukturen eines vor längerer Zeit angebrannten Baumes.

Urwald und Moospolster in einem engen Tal des kleinen Nationalparkes von Helvetinkolu bei Ruovesi.

Plastiken aus Holz, als deren Schöpfer der finnische Wald zeichnet.

Oben:
Moore setzen Kontrastpunkte in den schütteren Kiefern-/Birkenwäldern von Pallastunturi.
Unten:
Gruppe von Flechten.

Oben:
Pilzbewuchs auf einem abgestorbenen Baum.
Unten:
Auf dem herbstlichen Waldboden.

Oben:
Polarfüchse im weitläufigen Tierpark von Ranua.
Unten:
Eiszeitliche Sandablagerungen bei Kultima, Enontekiö.

Art Adenauer Finnlands. Für viele Finnen wurden die Worte «Kekkonen» und «Präsident» zum Synonym.

Die Sowjetunion hörte auch nach dem Krieg nicht auf, sich aktiv in Finnlands Politik einzumischen. 1958 etwa kam es zur sogenannten Nachtfrost-Krise. Die Sowjets warfen den Finnen vor, sich zu weit von der nach dem Krieg festgelegten außenpolitischen Linie zu entfernen und verhängten ein Handelsembargo. Die finnische Regierung mußte klein beigeben und das Kabinett wurde aufgelöst. Das Ergebnis der Krise war eine Machtkonzentration in den Händen Kekkonens. Man verglich ihn oft mir Frankreichs Präsidenten de Gaulle. Tatsächlich ist der finnische Staatspräsident, vor allem im Hinblick auf außenpolitische Befugnisse, mit weitreichenden Vollmachten ausgestattet.

Schwerwiegender als der «Nachtfrost» war die sogenannte Notenkrise im Jahre 1961. Im Oktober sandten die Sowjets den Finnen eine diplomatische Note, in der sie Konsultationen über eine gemeinsame militärische Verteidigungsstrategie forderten. Anlaß war die Wiederbewaffnung Westdeutschlands und die Bedrohung, die man in Moskau darin sah. Finnland aber wollte sich strikt an seine Neutralität halten und lehnte solche Konsultationen rundweg ab. Zwar fürchtete man auch in Finnland eine militärische Bedrohung, aber nicht durch die Deutschen, sondern gerade durch die Sowjets. Auch diesmal kam es zu einer Auflösung des finnischen Parlaments, aber Moskau war dadurch nicht von seiner Forderung abzubringen. Präsident Kekkonen flog nach Nowosibirsk, wo es ihm gelang, Nikita Chruschtschow zum «Verschieben» der Konsultationen zu bewegen. Die Notenkrise war damit zwar beigelegt, aber Finnland hatte wieder einmal schmerzlich erfahren müssen, daß es im Ernstfall aufgrund seiner geographischen Lage nicht auf Neutralitätspolitik bauen konnte.

In den sechziger Jahren entwickelte sich Finnland zusehends zu dem skandinavischen Sozialstaat, als den man es heute kennt. Renten, Krankenversicherung, Sozialversicherung und Mutterschutz wurden verbessert, außenpolitisch hielt man die Balance zwischen Neutralität, gutnachbarschaftlichen Beziehungen nach Osten und Handel mit der westlichen Welt.

Die Studentenunruhen in den USA und Westeuropa wirkten sich auch auf Finnland aus. Auch hier fand man unter den Talaren den Muff von tausend Jahren und machte sich ans Lüften. Im Vergleich zu den Ereignissen in Paris und Berlin aber nahm sich die große studentische Revolution in Finnland eher bescheiden aus: Sichtbarstes Symbol war die Besetzung des Studentenhauses im Zentrum von Helsinki 1968.

Mitte der siebziger Jahre erreichte Kekkonen den Gipfel seiner Macht. Er dominierte die finnische Innen- und Außenpolitik nahezu total. Er hatte sich unter Umgehung der geltenden Wahlgesetze und unter Ausnutzung der russischen Bedrohung ein viertes Mal im Amt bestätigen lassen und feierte 1975 den Höhepunkt seiner Karriere als Staatsmann: Er war der Gastgeber der Konferenz über Sicherheit und Zusammenarbeit in Europa, die in Helsinki stattfand.

Mit zunehmendem Alter aber ließ die Gesundheit den Präsidenten zusehends im Stich. Er war oft desorientiert, erkannte ausländische Staatsgäste nicht wieder und sein Stab hatte alle Hände voll zu tun, um ihn vor den schlimmsten Fauxpas zu bewahren. Man erzählt sich viele Anekdoten vom Alten: Einmal etwa soll er seinen Beratern entschlüpft sein und einen ausgedehnten Spaziergang gemacht haben – an sich nichts Besonderes, aber Kekkonen hatte vergessen, daß er der Präsident war und sich einfach unters Volk gemischt. In einem Restaurant habe er dann ein paar Bier getrunken, aber nicht bezahlen können. Der Wirt ließ ihn nicht gehen, und erst als sein Chauffeur ihn fand und die Rechnung bezahlte, bekam Finnland seinen Präsidenten wieder.

1981 hatte sich Kekkonens Gesundheitszustand soweit verschlechtert, daß er die Amtsgeschäfte niederlegen mußte. Im Jahr darauf wählte man *Mauno Koivisto* zum Staatspräsidenten, der auch 1993 noch amtiert.

Schon unter Kekkonen hatte in Finnland ein erneuter wirtschaftlicher Aufschwung eingesetzt, das Pro-Kopf-Einkommen der Finnen wurde zu einem der höchsten der Welt, und das Geld saß locker in den Taschen der Leute. Vor ein paar Jahren aber geriet Finnland einmal mehr in den Sog der politischen und ökonomischen Entwicklung Europas:

Anfang der neunziger Jahre veränderte sich Finnlands Umgebung drastisch. Erst wurden Estland, Lettland und Litauen von der Sowjetunion in die Unabhängigkeit entlassen, dann brach das Riesenreich im Osten selbst zusammen. Aus einem Nachbarstaat wurden plötzlich mehrere, und in Finnland ist zur Zeit deutlich ein Gefühl der Unsicherheit spürbar. Nicht zuletzt deswegen hat das Land Anfang 1992 einen Antrag auf Mitgliedschaft in der Europäischen Gemeinschaft gestellt. Außer politischer Unsicherheit haben das Ableben der UdSSR und die Gründung der – zwar von Rußland dominierten, außerhalb Rußlands jedoch sehr labilen und von Nationalitäten- und Grenzkriegen bedrohten – GUS auch enorme wirtschaftliche Auswirkungen auf Finnland. So ist völlig unklar, wer die beträchtlichen Schulden des ehemaligen Nachbarn bezahlen wird, und der Tauschhandel, den Finnland jahrzehntelang erfolgreich mit den Sowjets betrieben hat, ist fast völlig zum Stillstand gekommen. Zur Zeit erlebt Finnland die erste wirtschaftliche Rezession seit seiner Gründung als unabhängiger Staat 1917. Der Lebensstandard bröckelt, das soziale System ist bis an die Grenzen belastet und die Arbeitslosigkeit hat Rekordhöhe erreicht. So erhoffen sich viele Finnen von einer Einbindung in die EG Stabilität und neue Impulse für die Wirtschaft. Ob diese Rechnung aufgeht, wird sich noch zeigen müssen, denn die EG entscheidet frühestens 1995 über Finnlands Antrag auf Mitgliedschaft.

Epilog

«Die Liebe ist grausam – man stirbt an ihr im Stehen und die Augen bleiben offen.»
(Finnisches Sprichwort)

Finnland ist genau so, wie ich es in diesem Buch beschrieben habe. Aber in der Realität ist es ganz anders. Wie ein Land wirklich ist, das kann man nicht aufschreiben, das muß man erleben. Viele kommen nach Finnland, genießen die Natur, das nordische Licht und fahren zufrieden, um einen teuren, aber gelungenen Urlaub reicher, wieder nach Hause. Manche werden süchtig und kommen Jahr für Jahr wieder. Und manche kriegen die Kurve überhaupt nicht mehr und bleiben kleben. Plötzlich sind sie verheiratet mit jemandem, dessen Namen sie niemals werden richtig aussprechen können, fahren im Sommer aufs Land zu den Mücken, essen das teuerste Brot der Welt und fluchen beim Ausfüllen einer finnischen Steuererklärung. Mir ist genau das passiert. Und Sie, liebe Leser, sind gewarnt . . .

R. S.

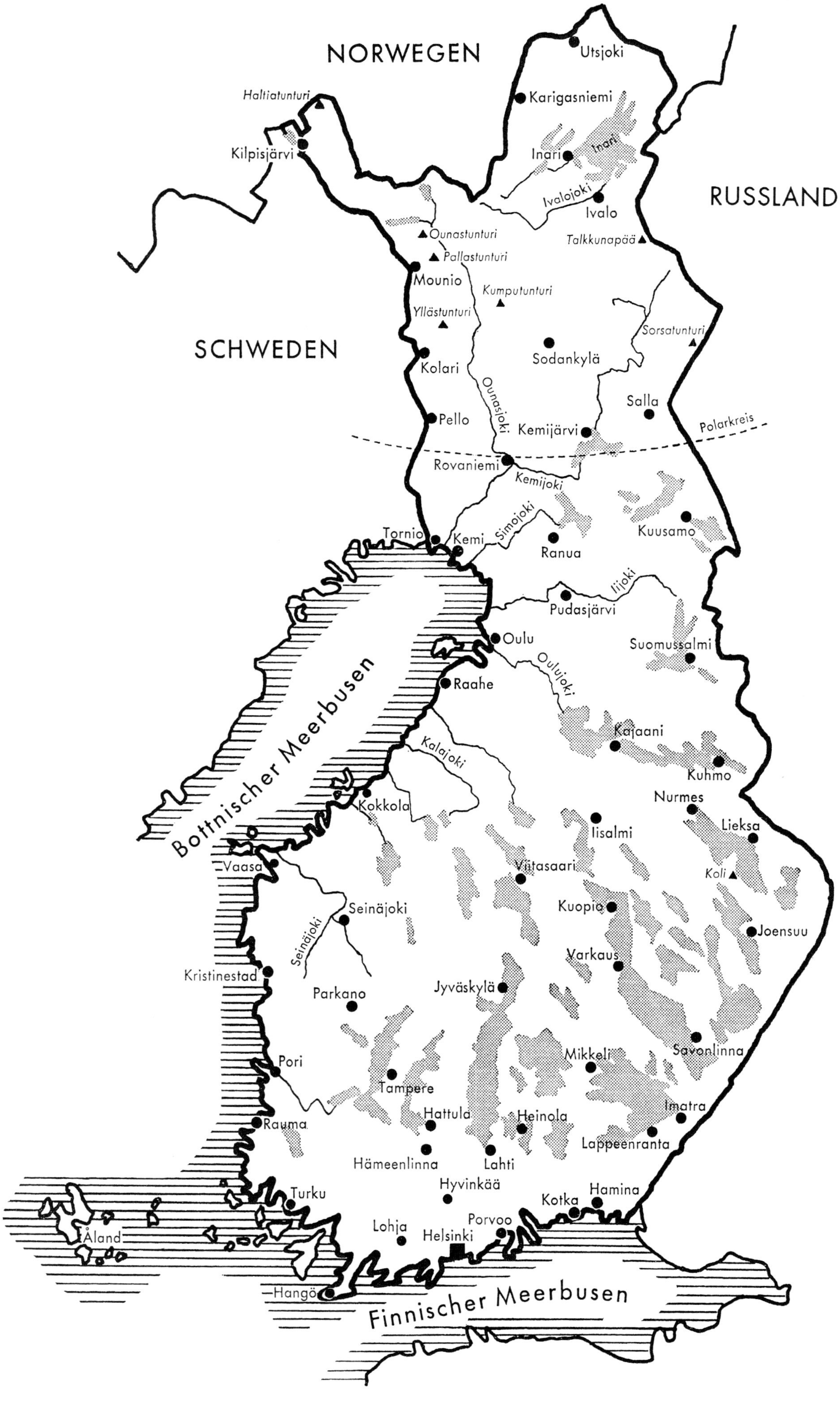
NORWEGEN
RUSSLAND
SCHWEDEN
Utsjoki
Karigasniemi
Haltiatunturi
Kilpisjärvi
Inari
Inari
Ivalojoki
Ivalo
Ounastunturi
Pallastunturi
Talkkunapää
Mounio
Kumputunturi
Yllästunturi
Sorsatunturi
Sodankylä
Kolari
Ounasjoki
Salla
Pello
Kemijärvi
Polarkreis
Rovaniemi
Kemijoki
Simojoki
Tornio
Kemi
Ranua
Kuusamo
Iijoki
Pudasjärvi
Oulu
Suomussalmi
Oulujoki
Raahe
Bottnischer Meerbusen
Kajaani
Kalajoki
Kuhmo
Kokkola
Nurmes
Lieksa
Iisalmi
Vaasa
Viitasaari
Koli
Seinäjoki
Kuopio
Seinäjoki
Joensuu
Varkaus
Kristinestad
Parkano
Jyväskylä
Savonlinna
Mikkeli
Pori
Tampere
Imatra
Hattula
Heinola
Lappeenranta
Rauma
Hämeenlinna
Lahti
Hyvinkää
Hamina
Turku
Kotka
Porvoo
Lohja
Helsinki
Åland
Hangö
Finnischer Meerbusen

DIE FINNISCHE NATIONALHYMNE

Unser Land

Worte: J. L. Runeberg (1846)

Übersetzung von W. Eigenbrodt

Musik: Fredrik Pacius

1. O Heimat, Heimat, unser Land, kling laut, du teures Wort!
2. Ernst ringt sich deine Blüte los, reif aus der Knospe Zwang.

Kein Land, so weit der Himmelsrand, kein Land mit Berg und Tal und Strand
Ja, einst aus unsrer Liebe Schoß geht auf dein Hoffen, licht und groß.

Wird mehr geliebt als unser Nord, hier unsrer Väter Hort.
Und unser Vaterlandsgesang erschallt in höherm Klang.